중국의 언어와 문화

김정필 지음

신아사

목차

들어가며

지금 세계는 3차원의 산업혁명을 넘고 4차원의 세계화 시대를 거쳐 5G의 첨단 산업사회에 접어들었지만, 중국은 이러한 기술혁명의 이면에 담겨있는 정신문화에 관심을 기울이고 있다. 매체 보도에 의하면, 최근 중국의 22개 전문출판사에서 펴낸 '중국의 전통문화'에 대한 서적만 5천 종이 넘는다는 보고가 있을 정도로, 중국은 중국어의 세계화와 더불어 자신들의 전통문화를 전 세계에 보급하는데 힘쓰고 있다. 대표적인 중국어의 세계화 기관인 공자학원(공자아카데미)은 한자와 중국어 교육이라는 명분을 걸고 있지만, 실상은 언어를 통한 '중화문화의 세계화'가 주 목적이라는 것을 의심할 여지가 없다.

사실 우리나라의 경우에는 회사의 상표와 상품명, 거리의 간판에는 정작 한글은 어디가고 무분별한 언어기호들이 난무하는 작금의 현실에서, 이러한 중국의 행보를 이해하기 쉽지 않을 것이다. 그러면 중국이 왜 정치나 경제를 통한 힘의 권력이 아닌 문화의 측면, 특히 그 중에서도 한자 및 중국어라는 언어에 이토록 집착하고 있는 이유는 의외로 단순하다. 정작 그들은 언어가 단순히 개인의 생각이나 사상을 표현하는데 그치는 대화의 도구가 아니라, 그 민족의 문화 전반을 실어 나르는 매개체라는 사실을 인식하고 있기 때문이다. 즉 언어는 그 민족의 가치관이나 사유방식, 혹은 국가의 사회제도, 정치경제, 민간의 생활 풍속 등 다양한 문화현상을 포함하고 있으며, 정치나 경제교류에서 나타나는 다양한 금전적, 물적 재화 또한 언어와 문화의 경계를 벗어날 수 없다. 이러한 사실은 과거 일제(日帝)가 우리나라를 식민지화하면서 시도했던 한글 말살정책이 단순히 한글을 없애고자 했던 것이 아니라, 우리의 얼이 담긴 한국문화에 대한 말살이었다는 사실을 알아야 한다. 현재 우리가 직면하고 있는 영어의 국제화 또한 단순히 영어의 학습에 그치는 것이 아니라, 외래 언어의 유입과정에서 파괴되는 한글에는 우리의 정신문화와 전통문화가 있다는 사실을 망각해서는 안 된다.

본 저작의 본래 목적은 중국어를 배우고자 하는 학습자를 위한 기초과정으로 중국문화를 이해하도록 집필되었지만, 마치 외국어를 흠모하는 듯 무분별하게 외래어를 사용하는 한국인의 언어인식에 대한 경종을 울리기 위함도 있다. 서두에서 중국의 이러한 최근의 이슈를 소개하는 것은 언어 속에 담겨 있는 이러한 문화의 전파가 가지는 힘은 상상할 수 없을 만큼 크기 때문이다. 사실 언어 속의 문화는 우리의 문화가 다른 나라와 구별할 수 있는 공시적 측면에서의 문화현상 뿐만 아니라, 어휘의 생성과 소멸과정, 언어구조의 변화과정을 통해 그 민족 혹은 한 나라의 역사, 정치, 경제의 통시적 측면까지도 살펴볼 수 있기 때문이다. 특히 이러한 언어 자체의 생성소멸이나 통시적인 변화과정에서 보여주는 사회문화의 변화는 그 민족의 역사를 살펴볼 수 있는 주요한 척도가 되기도 하며, 심지어 전쟁과 같은 문화의 충돌로 인한 언어의 소멸은 한 민족의 흥망성쇠와도 직결되어 있다는 점이다. 예를 들면, 고대 동북아의 역사의 흐름에서 중국과 더불어 역사의 한 획을 장식했다가 사라져간 거란족, 여진족, 말갈족, 만주족 등의 흥망성쇠를 되새겨 볼 필요가 있다. 뿐만 아니라, 언어의 관점에서 바라 본 러시아의 붕괴과정에서 독립한 나라들도 비록 단일 민족은 아니지만, 자신들의 모국어를 간직하고 사용하고 있었다는 점이 중요한 역할을 했다는 점도 상기할 필요가 있다.

사실 다른 나라의 언어를 배워서 사용하게 된다는 것은 그 나라의 문화적 특수성이나 다양성을 이해하는 것이 전제되었을 때, 비로소 유창한 언어실력을 뽐낼 수 있게 되는 것이다. 하지만 최근 우리의 외국어 학습과정에서는 단순히 회화를 유창하게 말하는 것에 집착을 하고 있을 뿐, 정작 배우고자 하는 언어 속에는 그 나라의 언어습관이나 문화현상이 담겨있다는 사실에 대해서는 간과하고 있다. 뿐만 아니라, 국가의 언어정책에서도 언어의 세계화나 입시정책은 국제어라는 영어교육에만 모든 역량을 집중하다보니, 정작 외국어 학습과정에서 나타나는 한국어의 외국어화 현상이나 이로 인한 한글파괴에 대해서는 전혀 관심이 없어 보인다.

이러한 측면에서, 중국 교육부가 중국어를 세계에 전파하기 위한 목적으로 진행되고 있는 '공자학원(일명 공자아카데미)[1]'에서는 최근 더욱 콘텐츠를 다양화하면서, 중국어보다 중화문화 전반에 대한 세계화에 더 열을 올리고 있다. 뿐만 아니라, '공자학원' 과 연계된 각국의 중국어 교사, 교수 등을 정기적으로 본국에 초청하여 중국어를 중심으로 하는 '중화네트워크'를 구성하고 있다. 이른바 '세계 한어(汉语)교사 대회'는 외국인의 중국문화에 대한 이해를 높이고, 나도 중국문화를 알고 있다는 자부심을 심어주는 역할을 단단히 하고 있다. 뿐만 아니라, 1990년대 이후에는 중국에서 유학하는 외국인 학생들에게도 다양한 측면에서 파격적인 지원을 아끼지 않는 등 보다 강력한 경제력을 기반으로 중국의 다양한 문화현상을 교육하고 있다. 이러한 중화문화의 대외팽창은 "책을 통해 중국문화를 세계로 실어 보내야 한다."(중국 관영 신화통신사)는 논지에서, 중국만이 가진 한자와 그들의 전통문화를 세계화를 위한 수단으로 삼으려는 노력을 엿볼 수 있다. 다시 말해, 공자학원이 목표로 삼고 있는 한자 및 한어(중국어)의 전파는 중국어의 세계화를 위한 첨단 기지이자 중화문화(中华文化)의 세계화 전략이라 할 수 있다. 이러한 중국의 중국어 세계화 전략을 보면서, 과연 한국은 한글 세계화에 어떠한 전략을 세우고 있으며, 우리 정부가 어떠한 역할을 하고 있는지를 되짚어 봐야 할 것이다. 특히 우리의 한글을 모국어로 삼고자 하는 인도네시아 찌

1 1990년대 중반을 시작으로 전 세계 230여 곳에 문을 열었으며, 현재 한국에도 주요 대학을 중심으로 10여 곳이 개설되어 있다.

아찌아족의 한글화 과정에 대한 매체의 뉴스를 보면서, 다시 한 번 우리 한글의 세계화 전략을 되돌아 볼 필요가 있다.

이처럼 중국이 한자와 중국어의 세계화에 나선 것은 단순히 한자나 중국어를 세계에 보급하는 것이 아니라, 중국의 문자인 한자와 어휘, 그리고 구문 등에 담겨있는 중국문화를 자연스럽게 전파할 수 있기 때문이다. 중국어를 통한 중국문화의 세계화 과정은 결코 복잡한 것이 아니라, 한자를 익히는 과정에서 나타나는 개별 한자의 특징이나 어휘구조의 결합관계, 그리고 문장구조의 특징 등에서 중국인의 사유방식을 이해할 수 있고, 또 어휘개념 속에 담겨있는 다양한 중국문화를 동시에 학습하게 된다. 사실 외국인으로서 중국어 학습을 하는 과정에서는 '中国(중국)'을 하나의 나라로 인식하고 중국어를 하나의 통일된 언어로 인식하는 경향이 있지만, 정작 그 내부에는 고대에서 현대에 이르기까지 다양한 민족과 더불어 다양한 언어가 내재되어 있다는 사실을 알아야 한다. 따라서 우리가 중국어를 통해 학습하는 중국문화는 개개의 어휘나 구문을 통해 다양한 문화현상을 동시에 학습해야 하며, 비록 하나의 어휘로 표현되더라도 그 속에는 시대적 변화 과정에서 담고 있는 다양한 문화가 담겨있다는 사실을 인식해야 한다.

사실 문화(文化)란 한 집단의 사람들이 공유하는 생각(idea), 행동(behavior), 사물(thing)을 모두 포함하는 복합적인 총체로서 이해하고 있기는 하지만, 우리가 어떠한 기준을 어떻게 잡느냐에 따라 다양한 분류나 범주화가 가능하다는 것이다. 예를 들면, 일반적으로 방위를 중심으로 '동양문화'와 '서양문화'로 크게 양분하고 있지만, 다른 측면에서는 북방문화와 남방문화로도 나눌 수 있다는 점이다. 또 생활환경을 중심으로 살펴보면, '해양문화', '농경문화', '유목문화' 등으로도 구분할 수 있다. 뿐만 아니라, 동양문화 속에서도 중국문화, 한국문화, 일본문화 등과 같이 국가를 기준으로 좀 더 세부적으로 구분할 수 있고, 또 공동체 집단의 사람들이 생각이나 행동 또한 개별화하거나 일반화시킬 수도 있기 때문이다. 다시 말해, 일반화란 그 공동체 안에서 일반적이고 상식적으로 받아들여지는 생각과 행동이 있다는 뜻이지, 공동체에 속한 모든 사람들이 똑같이 생각하고 행동한다는 뜻은 아니다. 즉 우리가 특정의 한 집단을 '○○문화'라고 규정하는 것은 '동질감(同质感)'을 전제로 한 동일성에 기반을 두고 있기는 하지만, 사실 이러한 동질감 이면에 놓여있는 '이질감(异质感)'이란 키워드(keyword)를 간과해서는 안 된다는 것이다.

비록 우리는 사회 속에 살고 있지만, 여전히 저마다 생각이 다르고 행동이 다른 개개인의 상황을 동시에 인지하면서 생활해야만 '배려'라는 또 다른 문화현상을 얻을 수 있다. 다시 말해, 한국문화는 어떠하다.' 혹은 '중국문화는 어떠하다'라는 성급한 일반화는 잘못된 생각이며, 또 '한국문화'와 '중국문화', 그리고 '동양문화'와 '서양문화'의 구분 속에서 서로 같고 다름의 범주에 대한 경계를 이해할 수 있어야 한다. 즉 문화가 같다 혹은 다르다고 하는 것은 한 사회 구성원으로서의 인간이 습득하는 모든 능력과 습관을 포함하는 복합적인 총체로써 정의되기 때문이다. 따라서 앞에서 언급한 언어와 문화의 복잡성은 공시적인 측면에서 정의되는 어떤 특정 국가 내부나 특정 지역의 내부에도 여전히 서로 다른 차이점을 가지고 있을 뿐 아니라, 또 동일 문화권의 범주에 속한다고 하더라도, 통시적인 측면에서도 여전히 시대적 상황에 따른 다양한 차이가 난다는 점을 인식해야 한다.

현대사회에서는 어느 나라도 다문화 사회(multicultural society)로 변해가는 것은 막거나 피해갈 수 없는 것이 현실이지만, 정작 우리가 단일민족이라는 점과 더불어 우리의 고유 언어인 한글에 대한 자존감을 지켜야 한다는 점은 매우 중요하다. 작금의 한국어가 처한 현실은 세계화와 국제화라는 영어교육에 대한 광풍(狂風) 속에서 많은 한글 어휘들이 사라지고 있으며, 한편으로는 제2외국어나 혹은 제3외국어로 구분되는 여타 외국어나 다문화에 대한 경시는 오히려 한글에 대한 경시풍조로 휘말려 들고 있다는 점을 간과해서는 안 된다.

본 저작은 중국어와 중국문화에 한정되어 서술하고 있지만, 다양한 언어 속에 잠재된 문화현상을 이해할 수 있는 계기가 되었으면 하는 바람 속에서 집필되었다. 특히 언어가 전달하는 문화는 인간이 자연을 접하고 만들어낸 모든 물질현상이나 국가제도, 그리고 정신문화를 포함하고 있는 복잡한 구조로, 단순히 언어에 대한 정리를 통해 파악할 수 있는 것은 아니다. 다만 지금까지 기존의 학자들의 연구결과에서 보이는 주장이나 내용들을 흡수하고 재구성하는 과정에서 우리는 우리의 현실과 비교를 통해 보다 명확하게 인식할 수 있으며, 또 그러한 의견들을 정리하는 과정에서 나만의 생각을 정립할 수 있기 때문이다. 특히 한자어가 많은 비중을 차지하고 있는 한국어에서는 중국 언어에 대한 이해가 한국을 이해하는 지름길이 될 수도 있으며, 오히려 한자의 개념에 대한 정확한 이해는 한글의 우수성을 인식하는 계기가 될 수 있지 않을까 한다.

먼저 본문에서 소개하는 중국의 각종 문화현상을 표현하는 어휘 및 관련 설명들은 대부분 기존 학자들이 정리해 놓은 중국문화에 대한 다양한 서적(아래의 소개된 책들)들에서 왔음을 밝힌다. 다만 본 저작에서는 중국인들이 주장한 중국문화 및 관련 어휘들에 대한 설명에서 취할 것은 취하고 일부 수정을 거쳐, 한국인이 보다 쉽게 이해할 수 있도록 한국적인 요소들을 가미하면서 진행되었다.

郭锦桴 著 ≪汉语与中国传统文化≫, 中国人民大学出版社, 1993

魯寶元 著, ≪汉语与中国传统文化≫, 华语教学出版社, 1998

常敬宇 著 ≪汉语词汇与文化≫, 北京大学出版社, 1998

杨德峰 著 ≪汉语与文化交际≫, 商务印书馆, 2012

杨 琳 著 ≪汉语词汇与华夏文化≫, 语文出版社, 1996

중국문화에 관련된 저작은 매우 많으나, 이상의 저작은 대체로 1990년에서 2000년대 초반에 편찬된 것으로 주로 문화와 한자, 중국어어휘, 그리고 성어와 구문 등에 한정되어 저술된 것만을 취하였다. 각 저작에서 동일하거나 유사한 내용에 대한 인용은 대체로 참조를 선택하였으며, 특정 저작만이 가지고 있는 특수한 부분은 인용을 하였다. 기타 문자나, 어음, 어휘의 내용에 대한 설명은 한자자전과 중국어사전, 그리고 중국의 네트워크 'baidu(百度)'나 'handian(汉典)'의 설명에서 부분적으로 보충하였다.

그리고 본 저작의 편찬 목적이 주로 중국어를 학습하는 학생들에 초점을 두고 편집을 하였기 때문에, 중국어를 학습하고자 하는 사람들을 위해서 한자는 한국어 한자어든 중국어 어휘든 간에 모두 간체자로 통일하였다. 비록 중국어의 간체자와 한국어에서 사용하는 정자(번체자)를 구분해서 인식할 수 있다면 좋겠지만, 초급중국어 학습에서는 오히려 한국인의 한자습관이 중국어에 대한 정확한 이해를 방해할 수도 있다는 것이 필자의 생각이다. 따라서 중국어와 중국문화에 대한 동시에 학습하고자 한다면, 이러한 선입견을 버리고 현대 중국어의 한자나 어휘에 대한 정확한 이해가 되었으면 하는 바람을 가져본다.

제1부 언어기호와 형상문화

일반적으로 문화(culture)는 정신문화(精神文化), 행동문화(行动文化), 물질문화(物质文化)로 삼분하고 있는데, 이것은 우리가 복잡한 문화현상을 보다 쉽게 관찰할 수 있도록 생각, 행동, 사물의 세 가지 각도에서 살펴본 것이다. 이러한 삼분법은 단지 우리가 문화를 보다 쉽게 인지할 수 있도록 배려한 것일 뿐, 이 세 가지 문화현상은 서로 혼재되어 있어 명확한 경계를 구분하여 설명하기는 쉽지 않다. 언어는 이러한 삼분된 문화현상을 문자, 어음, 어휘, 어법 등의 구성요소에 실어 다양한 방식으로 표현하고, 또 언어로 표현되는 문화를 정신, 행동, 물질 등으로 그 의미범주를 구분하여 설명하게 되는 것이다.

먼저 '정신문화(精神文化)'는 '한 집단의 구성원들이 비슷하다고 여기는 생각의 집합체'로써, 크게는 동서양의 사유방식의 차이를 통해 인지할 수 있다. 또 작게는 각 민족의 서로 다른 행동방식이나 언어구조의 차이 등을 통해 추상적인 정신문화의 형식을 찾아볼 수 있다. 두 번째의 '행동문화(行动文化)'는 그 구성원들이 특정 상황에서 일반적으로 행위를 하게 되는 공통적인 행동방식을 귀납한 것으로, 우리가 인사(人事)를 할 때 고개를 숙이는 행위는 어른을 공경하는 '정신문화'가 '행동문화'로 표출되어 나타난 것이라 할 수 있다. 즉 서양 사람들은 어른이나 아이와 상관없이 눈짓이나 손을 들어 인사를 하게 되는데, 동양의 젊은이들이 고개를 숙여 어른들께 인사하는 모습은 서양과 다른 '인사문화'의 특징으로 대별해 볼 수 있다. 세 번째의 '물질문화(物质文化)'는 그 집단이 소유하고 있는 각각의 사물 중에서, 건축물의 형태라든지 농기구, 자동차의 디자인 등 다른 집단이 소유하고 있는 사물과는 다른 우리만의 공통된 특징을 지닌 것들은 그 집단의 '물질문화'로 규정할 수 있다.

하지만 위에서 언급한 세 가지 문화방식은 각각 상호 분리되어 독자적으로 존재하기보다는 서로 섞여 있기 때문에 명확한 경계선을 그어서 구분하기는 어렵다. 언어 또한 그 구성요소를 크게 어음(语音), 어법(语法), 의미(意义)로 구분하고 있지만, 언어의 형식, 구조체계, 정보의 내용이 하나의 구문으로 융합되어 전달되는 것과 같다. 최근 많이 언급되고 있는 '언어문화학'이나 '문화언어학'은 앞에서 언급한 다양한 문화의 내용을 언어형식으로 보여주거나, 언어가 전달하는 의미범주가 어떠한 문화를 담고 있는가를 분석하는 것으로, 서로 다른 문화가 가지는 공통성과 차별성을 상호 비교함으로써 각 문화의 특수성을 고찰해내는 것이다.

언어기호는 문화의 일종으로 이러한 문화의 차이점을 가장 쉽게 구별할 수 있는 도구 중의 하나라고 할 수 있다. 즉 언어(language, 语言)의 역할은 바로 이러한 문화의 다양성과 특정문화에 대한 이해와 느낌을 말 또는 글로 표현함으로써 비로소 그 공통점과 차이점을 구별할 수 있게 해준다. 물론 이렇게 문화의 다양한 현상과 한 민족 혹은 국가의 문화적 특징을 설명하는 도구인 언어 또한 문화의 일부분으로, 언어를 구성하는 많은 문자의 특징, 어휘의미의 범주, 그리고 어법구조의 규칙과 어순 등을 통해 드러나는 다양한 형식이 문화의 일부분이 되는 것이다. 중국어에서는 표의문자의 특성답게 문자(文字)의 문화적 요소가 강하게 드러나며, 언어의 구성요소인 어음(语音)은 다양한 해음관계를 활용하여 각종 사회현상이나 민족의 정신문화를 드러내고 있다. 또 어법(语法)은 한국어보다 더욱 뚜렷한 어순구조와 시간성의 관계가 드러나며, 어휘를 통한 문화의미의 전달 또한 다양한 상징을 표현하고 있다.

먼저 어음(语音)은 대화를 할 때 귀로 듣게 되는 소리, 즉 과학적으로는 청각으로 인지하는 음파(音波)의 진동을 말한다. 이러한 어음의 청각영상은 중국어에서는 '해음(谐音)관계'라는 유사어음의 대비를 통해서 나타내는데, 대표적인 내용으로는 피휘(避讳)에 의한 기피어(忌避语)의 생성, 불안을 이겨내고자 하는 길상어의 탄생, 그리고 현실의 풍자나 해학 등의 은유적 표현 등을 담고 있다. 이러한 유사어음의 활용은 한국어에서 만담이나 코미디, 개그 등에서도 볼 수 있으며, 최근 SNS 상에서 많이 보이는 숫자의 유사어음을 어휘로 활용하는 것도 여기에 해당한다.

둘째, 어법(语法)은 각각의 어휘와 어법성분이 일정한 규칙에 의

해 구문형식으로 배열되는데, 여기에는 구문을 구성하는 문장성분이 일차원의 선형으로 배열되어 있다는 것이 어순의 첫 번째 특징이다. 하지만 선행으로 배열된 각 성분들의 관계는 일정한 계층으로 결합되어 있어서, 직접성분과 간접성분으로 구분되어 또 다른 어법관계를 형성하게 된다. 다시 말해, 구문의 어순구조는 시간적 질서체계에 따른 일차원의 선형으로 사건의 흐름을 표현하게 되는데, 사건시간과 어순이 순행하느냐 역행하느냐에 따라 문화와 사유의 상관성을 설명할 수 있다.

셋째, 중국어에서 '意义(의의)'로 지칭되는 의미는 크게 어휘가 전달하는 의미와 구문의미로 구분할 수 있는데, 그 중 어휘의미는 사물에 대한 명칭을 정하는 과정에서 나타나는 그 민족 특유의 인지사유를 담고 있는 문화현상의 정수(精髓)라고 할 수 있다. 다시 구문의미는 각 성분의 결합으로 만들어진 사건정보를 전달하는 객관의미와 화자의 개입으로 변형되는 주관의미로 구성되어 있으며, 화자는 이러한 주·객관 의미의 결합을 통해 청자에게 정보를 전달하게 된다.

1. 인사(人事)와 문화소통

인간과 인간 사이의 문화소통은 언어를 통한 대화에서 비롯되며, 이러한 대화의 첫걸음은 만남과 동시에 이루어지는 '인사말'에서 시작된다고 할 수 있다. 다시 말해, 만남의 과정에서 전달되는 다양한 언어기호인 인사말은 해당 언어를 사용하는 동일 민족 사이의 의사소통뿐만 아니라, 서로 다른 언어를 사용하는 각 민족 간의 문화소통의 주요한 도구가 된다. 인간이 다른 사람과의 관계에서 처음으로 접하게 되는 인사말에는 '안녕, 你好, Hi, こんにちは, bonjour, Guten Tag, hola' 등 세계적으로 다양한 언어기호가 존재하는데, 우리가 외국어를 배우는 첫 번째 목적도 다른 민족과의 다양한 정보교환을 위해서라고 할 수 있다. 이처럼 만남을 대변하는 인사말과 인사행위에는 그 민족의 정신문화를 대표하는 의미가 내포되어 있는데, 이러한 내재적 정신문화와 행위문화에서 각 민족문화의 특징과 차이를 살펴볼 수 있다.

한국어에서 한자어 '人事(인사)'는 글자 그대로 해석인 '사람의 일'은 우리가 일상생활에서 하게 되는 모든 행동을 가리키며, 크게 두 가지 각도에서 관찰할 수 있다. 하나는 앞에서 언급한 사람의 일에서 파생된 세상사(世上事), 즉 이 세상의 모든 인간들이 행하는 일, 그리고 여기에서 파생된 관리나 직원의 임용, 해임, 평가 따위와 관계되는 행정적인 일을 가리킨다. 두 번째는 사람과 사람의 만남과 더불어 행해지는 예절, 즉 인사예절과 은혜를 갚거나 공로를 치하를 할 때 행해지는 예절 등이 여기에 해당한다. 그만큼 인사는 우리의 생활과 밀접하게 연관되어 있고, '인사'와 동시에 행해지는 '인사말' 또한 상호간의 의사소통이나 문화적 교류를 하는데 매우 중요한 역할을 하는 중요한 도구가 된다.

사실 아이가 태어나 처음으로 대하는 부모를 부르는 것이나, 또 커가면서 다른 사람과 관계를 형성하게 되는 과정에는 언제나 '인사말'은 매개체가 된다. 또 외국어를 학습하는 과정에서도 가장 먼저 접하게 되는 구문이 '인사말'이지만, 구문분석이나 어법적 설명을 하지 않고 무심코 지나치는 경우가 대부분이다. 하지만 정작 외국어학습에서 처음 접하게 되는 다양한 '인사말'은 그들의 인사하는 행동과 더불어 우리와의 차이점을 발견할 수도 있으며, 또 그 나라의 예절문화를 알 수 있는 중요한 요소가 된다는 점을 잊어서는 안 된다. 이러한 도구로써의 언어기호는 인사하는 행위와 그 민족의 '예절문화(礼节文化)'로 정착을 하게 되고, 이러한 문화적 차이점을 통해 서로 다른 문화가 있음을 알게 되는 것이다.

우리는 일상생활에서 습관처럼 '안녕!' 혹은 '안녕하세요?'라고 '인사(人事)'를 하지만, 과연 '인사'가 무엇을 행하는 것이고 어떤 의미를 담고 있는지를 생각하는 사람은 별로 없을 것이다. 비록 '人事'가 한자어이기에 한국인에게는 큰 의미가 없다고 할런지는 모르겠지만, 여전히 그리고 현재까지 활용되고 있는 것은 그 속에 담겨진 의미를 무의식에서라도 인지하고 있다고 판단해 볼 수 있다. 그럼 먼저 한국어에서 한자어로 표현되는 '人事'에는 다양한 의미가 담겨있는데, 이러한 서로 다른 의미항목들이 지니는 의미파생과 연관성을 살펴보도록 하자.

人事(인사) ① 안부를 묻거나 공경의 뜻을 표하는 일
② 받은 은혜에 대하여 갚거나 치하하는 일
③ 낯선 사람끼리 성명으로 자기를 소개하는 일
④ 인과관계에서 지켜야 할 예의를 갖춘 언행
⑤ 개인의 신분에 관계되는 행정적인 일
⑥ 사람의 일. 또는, 사람이 해야 할 일
⑦ 회사 · 조직 내에서의 개인의 지위 · 직무 · 능력 등에 관한 일
⑧ 세상(世上)의 일이나 신상에 벌어지는 일

이처럼 사전에서 찾을 수 있는 한자어 '人事'는 8가지의 의미를 가진 다의어로 분류되고 있지만, 서로 다른 차이를 보이는 각 항목들 사이에서는(1,2 3, 4와 5, 6, 7, 8) 연결되어 있음을 알 수 있다. 즉 우리가 보편적으로 인식하는 것은 현재 언어교류에서 가장 많이 활용하는 의미로써, 세 번째의 '만남(greeting)'과 일곱 번째의 '조직에 필요한 인원을 확보하여 적절한 자리에 배치하고 보충하는 일(staffling)'이 왜 같은 어휘를 사용하고 있는지를 짐작케 한다.[2] 즉 한국인에게 한자어 '人事'는 '안부를 묻거나 예를 갖추는

2 한 조직의 운영을 위해 필요한 여러 종류의 직책에 맞는 전문가를 적절히 배치하여 일의 효율성을 높이는 위해서는 직무분석을 통한 인원의 적절한

일'에 특화되어 있으며, 특히 회사나 조직에서 '인사(人事)는 만사(万事)다'라는 말이 있을 정도로 그 사람의 직무특성에 맞는 정확한 인사는 회사나 나라를 바르게 이끄는 원동력이 된다. 그러면 다시 ①번과 ③번의 '인사말'에 담겨있는 '의미'를 통해 서로 다른 언어에서는 어떤 차이를 발견할 수 있는가는 '행동문화'의 특성에서 찾아보자.

먼저 인사말의 내용을 살펴보면, 한국이나 중국, 그리고 일본 등의 동양문화에서는 대체로 처음 본 사람들도 자연스럽게 서로의 나이나 가족 관계 등을 물어보는 것이 허용되지만, 서양인들은 개인의 첫 만남에서 상대방의 나이나 결혼 여부를 묻는 것과 같은 사적인 질문을 하는 것은 무례하다고 생각한다. 이러한 문화적 차이가 나타난 배경에는 바로 농경생활을 기반으로 형성된 공동체 사회와 유목생활을 토대로 한 개인심리가 강하게 작용하는 서양의 개체문화의 특징에 비롯된 것이라 할 수 있다.

또 다른 인사와 더불어 나타나는 행동문화의 예로는 '식사문화'에서도 살펴볼 수 있는데, 대개 공동체로서의 동양사회는 여럿이 함께 식사를 하고 나면 한 사람이 대표로 식대를 계산하는 경향이 강했다. 하지만 최근 젊은이들 사이에서는 대부분 각자 먹은 것은 각자 계산하는 형식으로 행동문화가 바뀌었는데, 아무튼 이러한 각자 먹은 만큼의 돈을 계산하는 '각자 계산(더치페이) 문

구성과 배치가 무엇보다 중요하다.[네이버 지식백과]인사 [人事, staffling] (교육학용어사전, 1995. 6. 29) 참조.

화'는 우리에게는 여전히 자연스럽게 인식되는 문화는 아니다. 왜냐하면 이러한 행위는 개인적 취향을 가진 서양 사람들에게는 당연한 행동이라고 할 수 있지만, 우리는 '더치페이'의 개념을 이해하지 못하고 '인정머리 없는 행동'이라고 규정하게 되기 때문이다.[3] 물론 필자는 대만에서 유학하던 1990년대 이미 대만에서 '더치페이'가 일상화되어 있는 것을 보았지만, 그래도 여전히 그들의 식사문화에서 여전히 한 명이 대표로 계산하는 것에 대해 크게 민감해 하거나 어색해 하지는 않았다. 그러면 왜 이러한 차이가 만들어지는가에 대한 원인을 다음 절에서 찾아보고자 한다.

1) 인사말의 언어학적 분석

지금까지의 언어학 주류는 표음문자를 주요 연구 수단으로 언어를 연구하는 현대의 서구 언어학이며, 대개 '음성(音声)'과 '의미(意义)'의 밀접한 관계 속에서 언어를 연구하고 있다. 하지만 '문자'와 '의미'의 관계를 가진 표의문자인 중국어에서 동음어(同音异义语:동음이의어)가 많아서 단순히 '음성'과 '의미'를 대비시켜 한자가 지니는 의미를 판별하기란 쉽지 않다. 비록 성조가 음성의 동질성을 변별하는 보조 요소로 활용하고 있지만, 여전히 중국어에서

3 물론 일본이나 대만, 그리고 중국 같은 경우는 이미 그 나라의 문화현상으로 자리 잡고 있다.

문자의 역할은 다른 언어에 비해 상당히 크다고 할 수 있다.

중국어에서 의미가 파생되는 과정을 유추해보면, 한자의 형체 변화와 관련된 사건에서 연관된 추상의미를 이끌어 내는 경우가 많다. 즉 구체적인 사물을 그려놓은 상형의 문자에서 그것과 연관된 추상적인 관념을 끄집어내는 경우가 많은데, 대표적인 예로는 하늘에 떠있는 달을 그린 '月(월)'자에서 달의 차고 기우는 시간적 흐름의 '한 달(1개월)'이라는 시간관념을 끌어내었다. 또 본래 동(銅)으로 만든 악기를 가리켰던 '钟(종)'은 시간을 알리는데 그 소리를 활용함으로써, 현대중국어에서는 三点钟(3시)처럼 시간을 표시한 용어로 사용되고 있다. 이러한 의미파생은 인류의 일상생활과 밀접한 관계를 가지는데, 이처럼 문자, 어휘, 구문을 통해 당시 인간생활의 모습을 찾는 것이 언어의 문화해석이라고 할 수 있다.

우선 중국어 인사말은 어휘의 선택의 측면에서는 한국어와 유사한 특징이 많으나, 현대중국어에서는 기본 어순이 가진 '술목구조'의 특징은 은유적인 표현보다는 시간이나 환경 등의 구체적인 사실을 적시하는 경우가 많다. 예를 들면, 한국어의 인사말 중에서 '아침/점심/저녁(식사) 먹었습니까(하셨습니까)?'에서는 시간명사를 직접 식사로 비유해서 사용하는데,[4] 중국어에서 '吃早(上)'라고 표현하지 않는다. 즉 중국어에서 아침(시간)을 먹는다는 은유

4 우리는 대개 서술어와의 관계를 통해 아침(점심, 저녁)은 '밥' 혹은 '식사'의 준말처럼 인지하게 된다.

적 표현은 사용하지 않고, '吃早饭了吗?'처럼 '饭(밥)'이 추가되어야만 비로소 자연스러운 인사말이 된다. 다만 아침과 저녁은 여전히 인사말 이외에 시간에 더 많이 쓰이고 있기 때문인지는 모르겠지만, 오히려 점심은 시간보다는 식사를 하는 것에 초점이 맞추어져 있다. 물론 '점심식사'의 경우도 한국어처럼 '점심에'라고 표현하기보다는 '점심시간'이나 '점심때'로 표현하는 경우가 많은데, 이것은 중국어에서 '点心(딤섬)'이 '간식'으로 사용되고 있는 점도 식사가 시간을 대변하던 이전의 흔적이 아닐까 한다.

또 어법적 관점에서 보면, 비록 중국어가 영어와 같은 '술목구조'의 어순을 기본으로 하고 있지만, 영어의 인사말과 어순구조에서 차이를 보이는 이유는 여전히 중화민족의 출발점이 농경문화와 많은 연관을 가지고 있음을 알 수 있다. 예를 들어 현대중국어에서 영어의 인사말 영어의 'Good morning!이나 Good evening!'과 유사한 특징을 가진 '早上好!'나 '晚上好!'가 현재 사용되고 있지만, 영어가 '관형어+명사'의 구조를 가진 것에 비해, '주어+서술어' 언어구조를 가진 것에서도 동서양의 언어차이가 나타나고 있음을 알 수 있다.

2) 취식(取食)인사와 농경문화

인사말은 단순히 개인 상호간의 만남을 보여주는 것 이외에, 인사하는 행위를 통해 우리가 살고 있는 생활환경이나 민족의식의 차이를 보여주기도 한다. 특히 한국이나 중국 등의 동양문화에서는 '어떻게 지내?'라든가 '밥 먹었니?' 등과 같은 개인의 신변안부나 취식여부에 관한 인사말이 많은데, 이것은 농경문화(农耕文化)의 집체노동이 가지는 공동체적 생활로 매일 매일의 만남이 이루어지기 때문일 것으로 보인다. 즉 농경문화의 인사에는 오랜만에 만나는 반가움의 표시보다는 어제의 만남 이후에 잠시 헤어진 밤 동안의 짧은 시간에 나타난 생활의 변화나 아침의 기분 등에 대한 주관적 궁금증이 언어로 표현되고 있는 것이다. 예를 들어, 한국어에서 '아침/점심/저녁[5](진지) 드셨습니까?'나 '밤새 안녕하셨습니까?' 혹은 '기침하셨습니까?' 등과 같은 인사에는 예절문화도 포함되어 있으며, 또 중국어에 보이는 '起来了吗(일어났니)?' '吃早饭了吗(아침밥은 먹었니)?' 등은 모두 안부와 식사여부를 묻는 개인의 건강과 일상생활에 관련된 인사말이 많이 보인다. 이와 달리, 유목문화(遊牧文化)는 대개 하나의 가족이 하나의 생활터전을 가지고 각자의 서로 다른 이웃과는 비교적 멀리 떨어져 살고 있기 때문에, 만남 그 자체가 매우 중요한 행사가 되고 안부는

5 여기서의 아침, 점심, 저녁은 시간을 표시한다기보다는 시간이 식사를 대신하고 있다고 보아야 할 것이다.

그 이후의 상황으로 나타나게 되는 것이다. 이런 까닭에, 유목문화를 대표하는 영어의 인사말인 'Good morning, Good afternoon, Good evening!' 등과 같이 시간을 주로 사용하는 인사말이 주로 사용되고 있는 것이다.

사실 중국은 냉대에서 열대까지 넓은 기후대를 가지고 있어 유목문화와 농경문화가 공존하고 있다고 할 수 있으며, 특히 현대 중국어에서는 '술목구조'화된 언어와 더불어 유목문화의 특징을 가진 인사말이 많이 보인다. 하지만 여전히 만남 자체보다는 상대방의 신변(身边) 변화나 식사여부를 묻는 등 쌍방의 생활환경에 개입하는 농경문화와 관련된 인사말이 비교적 많다. 특히 1970년대 이전의 중국은 궁핍한 생활에서는 '吃了吗?(식사했어요?)'와 같은 식사와 관련한 인사가 중심을 이루었다고 한다. 이러한 '식사를 했느냐 아니 했느냐'의 여부를 묻는 인사방식은 분명 우리가 힘들게 살았던 이전 시대의 문화현상을 보여주는 주요한 문화현상의 표현이라고 할 수 있다. 물론 현대중국어에서 '你好!(안녕)'나 '你好吗?(안녕하세요?)' 등과 같은 일반적인 인사 이외에, '早安(아침인사)', '午安(낮인사)', '晚安(저녁인사)'은 영어의 'Good morning, Good afternoon, Good evening!'과 시간 표현으로 일치함을 보여주고 있다. 하지만 여기에서 또 다른 차이점을 발견할 수 있는데, 시간과 안부의 어순이 서로 다르게 나타나고 있다는 점이다.

이와 같이, 현대중국어에는 서구어와 같은 시간 중심의 인사가 많이 활용되고 있지만, 여전히 한국어에서와 같이 만난 시간이나 마주한 상황에 따른 개인의 신변을 묻는 인사 또한 다양하게 존재하고 있다. 예를 들면, 식사와 관련된 인사인 '吃饭了吗?(밥 먹었어요?)' 혹은 吃饭去吗?(밥 먹으러 가세요?) 등에서부터 '起来了!'(일어나셨군요.) '上班去呀?'(출근하십니까?), 上课去吗?(수업하러 가세요?) 등 개인 사생활과 직접적으로 관련된 내용들이 많다. 이 외에도, 학교생활에서 많이 볼 수 있는 인사로 下课了?(수업 마쳤어요?), 还学习呢?(여전히/아직도 공부하세요?), 干什么去呀?(뭐 하러 가세요?), 干什么去了?(뭐 하러 갔었어?), 放假了?(방학했어요?) 등 상대방의 수업여부와 학교생활에서의 개별행위에 관여하는 인사들은 분명 서구의 유목문화가 가지는 인사법과는 다른 점이라 할 수 있다.

비록 현대중국어가 서구의 유목문화의 대표적 언어구조인 '술목구조'와 동일한 어순을 취하고 있지만, 인사말의 내용에서는 여전히 서구의 유목문화와는 다른 농경문화의 사유방식을 더 많이 가지고 있음을 알 수 있다. 이것은 중국어가 농경문화의 기초 아래, 언어의 토대가 마련되었으며, 여전히 그들의 사고는 농경문화와 밀접한 관련이 있음을 알 수 있다.

3) 시간(时间)인사와 유목문화

유목문화는 대개 북반구의 초원을 중심으로 유목생활을 하는 사람들의 사고와 생활의 동질성을 정리한 결정체라고 할 수 있으며, 여기에 존재하는 언어들은 대부분 '술목구조'의 어순구조를 가지고 있다. 앞에서 언급한 것처럼, 유목문화의 인사말에는 아침, 점심, 저녁의 시간과 관련된 어휘를 활용한 것들이 많은데, 이것은 농경문화가 개인의 신상이나 식사여부 등의 상대방의 사생활에 관여하는 것과는 달리 객관적인 상황을 활용하여 주관적 관여를 회피하는 방식이라고 할 수 있다. 즉 개개인의 신변에 관심이 많은 농경문화와는 달리, 상대방의 개인 생활에 주관적 개입을 하지 않으려는 자세는 개인의 사생활(privacy)을 중시하는 서구인들의 사고방식과도 밀접하게 연관되어 있다. 다시 말해, 시간이라는 객관적 요소를 전면에 내세움으로써 주관적 관여를 최대한 배제하려는 노력으로 볼 수 있으며, 농경사회의 인사말이 식사나 개인의 사생활과 연관되어 있는 것과는 대조적인 사유구조의 언어방식이라고 볼 수 있다.

그러면 대표적인 서구문화의 언어라고 할 수 있는 영어의 인사말을 통해 서구의 유목문화가 어떻게 언어구조에서 반영되고 있는지, 또 농경문화와는 어떻게 다른지를 살펴보자. 물론 영어의 간단한 인사말에 'Hi!'가 있기는 하지만, 'Good morning, Good afternoon, Good evening!(좋은 아침, 오후, 저녁)'에 이르기까지 상대방의 신상에 대한 주관적인 관심보다는 객관적인 시간어휘를 활용하고 있으며, 구문 또한 명사구를 중심으로 한 비문(非文)의 형식으로 구성되어 있음을 알 수 있다. 이와 반대로, 한국어나 중국어의 인사말은 상대방과의 관계에 초점을 둠으로써 서술형 인사가 많으며, 상대방의 대답을 요구하는 의문문의 언어형식을 가지는 것이 많다.

최근 현대 중국의 젊은이들 사이에서는 영어 인사말인 '你好!' 대신에 'Hi!'를 사용하거나, 한국에서도 아침의 만남에서 '좋은 아침'을 자주 사용하는 것은 영어를 통한 서구문화의 침투라고 볼 수 있다. 또 현대중국어에서는 고전적 언어방식의 '早安'이나 '晩安' 등을 현대어로 풀어 '早上好'나 '晩上好' 등으로 부르는데, 과연 '아침에 안녕'이라는 표현이 어법적으로 적합한지에 대해서도 연구해 볼 필요가 있다.[6] 심지어 최근에는 영어의 인사말 'Hi'나 'Good morning'을 그대로 쓰는 사람들이 많아질 정도로 서구의 문화침투는 더욱 강화되고 있으나, 여전히 'Good morning' 이외

6 우리나라에서는 아침에 만나든 저녁에 만나든 '안녕!' 또는 '안녕하세요.' 등으로 인사를 하는데, 영어에서 가장 일반적인 인사법은 시간에 따른 인사 표현이었다. 즉, 보통 아침에서 정오까지에는 Good morning, 정오가 지난 후부터 저녁에 해가 질 때까지는 Good afternoon, 그리고 해가 지고 난 후부터 자기 전까지는 Good evening, 또 자러갈 때는 Good night이라고 표현한다. 물론 평상시 만날 때에는 Hi. 또는 Hello 등의 표현이 있다. 중국어에서도 시간인사의 현대식 표현인 '早上好!'가 회화교재에 가장 먼저 나오기 시작했고, 뒤이어 '晩上好'가 회화교재에 등장하기 시작했지만, '中午好!'란 말은 아직 교재에 등장하지 않고 있다.

의 '中午好'나 '좋은 점심' 혹은 '좋은 저녁' 등은 잘 사용되고 있지 않거나, 왠지 낯설게 느껴진다는 점은 언어구조의 차이에서 오는 문화적 이질성에서 나타나는 것이 아닐까 한다.

2. 한자(汉字)와 시각형상

현재 우리가 살고 있는 지구를 구성하는 민족들은 모두 각자의 생활에 알맞은 말을 하면서 살아가고 있지만, 정작 모든 민족이 자기만의 언어를 가지고 있는 것은 아니다. 하지만 언어는 개인의 생각이나 민족의 문화사유를 전달한다는 점에서 인간의 삶에서 중요한 역할을 하고 있으며, 한 민족의 자긍심을 심어줄 수 있는 중요한 문화도구라고 할 수 있다. 사실 한자(汉字)의 탄생은 다민족의 중국이 하나의 문화집단으로 형성되는 계기를 마련했을 뿐만 아니라, 현대에도 다민족의 중국을 하나의 국가체제로 유지할 수 있게 하는 원동력이라고 할 수 있다. 뿐만 아니라, 한자의 영향은 한국이나 일본, 그리고 월남 등 동남아에서도 한자를 부분적으로 사용하는 국가에도 여전히 한자문화권이라는 공유문화를 형성하게 된 계기가 되었다.

한자의 언어문화학적 분석은 한자의 기호적 특징과 어휘 생성의 구조방식, 그리고 구문의 어법분류 등 언어학적 특징을 통해 중국문화의 동질성을 분석해 볼 수 있다. 즉 하나의 어휘가 가지는 의미와 어휘를 구성하는 한자의 자구(字句)분석을 통해, 단어가 형성된 배경과 의미범주, 그리고 의미와 사회현상의 문화적 상관관계를 살펴볼 수 있다.

우선 '中国文化(중국문화)'라는 어휘에 대한 언어학적 분석은 '中国(중국)'과 '文化(문화)'가 두 개의 또 다른 어휘로 나누어지고, 다시 '中, 国, 文, 化'라는 네 개의 문자로 분류할 수 있다. 우리가 국가의 하나로 이해하는 '中国'에 대한 자구분석은 가운데 중(中)과 나라 국(国)의 결합으로 '가운데에 있는 나라'라는 의미를 도출해 낼 수 있다. 다시 사전의미의 측면에서 한 글자 한 글자가 가지는 다양한 의미항목을 통해 어법적 특징을 살펴보면, 앞 글자 '中'에는 '가운데, 중앙'이라는 명사적 특징 이외에도, '적중하다'라는 동사의 의미도 있음을 알 필요가 있다. 또 오늘날의 한국, 미국, 프랑스, 영국 등 나라에 활용되는 '国'자에 대해 살펴보면, 고대중국어에서는 지금의 국가개념이 아닌 단순히 '지역(地域)'의 경계를 의미하고 있었으며, 고대 중국인들은 자신들이 살고 있는 '땅, 지역'을 전 세계의 중심에 위치하고 있다고 여겼다. 그리하여 '중국'이라는 어휘가 가지는 형태구조의 결합방식 그대로 '중심에 위치한 지역'이란 중국인들이 자주 말하는 '中原(중원: 중앙의 대지/초원)'이나 '中华(중화)'와 같은 어휘와 유의성을 지니게 된다. 특히 고대 중국인들의 '中国'에 대한 이해는 국가조직의 개념보다는 '천하의 중심'으로 여기고 있었으며, 최근에 공자학원을 통한 한자와 중국어의 보급 과정에서도 과거 한자문화권을 이끌던 중심 세력으로서의 영광을 재현하려는 중국인의 문화의식을 엿볼 수 있다.

다시 '文化'에 대한 자구해석을 통해, 고대 중국인들의 문화에 대한 인식과 의미파생의 변화과정을 살펴보자. 현재 우리가 일반적으로 인식하고 있는 현대적 개념의 '文化(Culture)'는 '자연(自然)'에 대한 상대적 개념으로 사용되고 있는데, 이것은 '갈다, 경작하다'의 의미인 라틴어 'Cultus'에서 나왔다. 즉 인간이 자연계에서 노동의 성과를 통해 얻은 모든 결과물을 의미한다고 할 수 있다. 하지만, 고대 중국어에서 '文化'는 오히려 '文治(문치)와 教化(교화)'를 의미하고 있는데, 이것은 단순한 인간의 육체적 행위가 아닌 정신과정으로서 인간의 문명화 과정을 포괄한다고 할 수 있다. 또 한자의 각도에서 '文化'를 보면, '文'의 한자 기원은 선(线)이 상호 교차하여 '문양(纹样)'을 형성하며, 만물이 상호 교차하는 '장식

(裝飾)'이나 꽃무늬(花纹)을 형성하여 단조롭지 않다는 의미를 가진 纹(무늬 문)의 본래자이다. 또 '文'과 결합한 '化'는 '옆으로 서 있는 사람'의 '人'과 거꾸로 서 있는 사람 '匕'의 회의자(会意字)로써 '사람의 탄생에서 죽음에 이르는 과정으로 변화의 과정'을 묘사하기도 하고, 또 어떤 사람은 '사람을 인도하여 다시 선행을 하도록 한다.'라는 의미로 해석하기도 한다. 따라서 자구해석을 통해 살펴

본 '文化'는 '教化(교화), 修养(수양)'의 의미에 '변화'의 의미를 공유하고 있으며, 인류 '文明(문명)'의 변화과정을 담고 있다고 할 수 있다. 또 현대중국어에서 '文明'이라는 어휘 또한 인류문명의 발전이라는 의미보다는 '질서 있는' 혹은 '문화인의 질서' 등의 의미로, 올림픽과 같은 세계적인 운동경기나 국제행사에서 국민들을 계몽하는 표어형식으로 많이 사용되고 있다.

1) 갑골문(甲骨文)과 한자의 역사

지금까지의 연구에 의하면, 문자는 한 개인의 창작물이 아니라는 것이 정설로 귀결되지만, 여전히 각 민족은 자신들의 언어에 대한 우월감과 다른 나라의 언어와 차이점을 부각하기 위해 각자의 기원설을 만들어내고 있다. 이것은 자국의 문화가 다른 나라에 비해 뛰어남을 자랑하기 위한 것으로 볼 수 있는데, 역사가 오래 되었다고 자부하는 중국 또한 다른 나라의 언어에 비해 현저히 앞서 있는 한자의 기원을 통해 중국문화의 우수성을 자랑할 수 있기 때문이다. 사실 한자가 언제 생겨났으며, 어떻게 발전해 왔는가에 대해서는 여전히 정답을 찾을 수는 없지만, 갑골문(甲骨文)의 발견은 전설의 상(商)나라를 중국 역사의 한 줄기를 끌어내렸다는 점에서 중요한 의의를 지닌다. 심지어, 고대에서 현재까지 큰 변화 없이 사용되고 있는 한자로 기록된 중국의 문헌은 한자의 기원을 신화적 인물인 삼황오제(三皇五帝)와 결부시켜 역사적 인물로 만들어냄으로써, 그들의 역사를 더 깊은 과거 속으로 밀어 넣고 있는 것이다.

한자 기원설의 첫 번째는 중국의 신화시대에 등장하는 삼황오제 중의 '복희씨(伏牺氏)'가 '팔괘(八卦)'[7]를 제작했다는 사실과 연관시켜 한자의 기원을 설명하고 있다. ≪사기(史记)·삼황기(三皇纪)≫

7 팔괘는 두 개씩을 겹쳐서 64괘까지 중괘(重卦)를 이루고 있으며, ≪주역(周易)≫은 이 팔괘를 중심으로 운영되고 있다.

에는 중국 최초의 제왕인 복희씨가 천문지리를 관찰하여 만들었다는 기록이 전해지며, ≪주역(周易)≫에서도 '복희씨(伏牺氏)'가 "하늘의 상(象:날씨와 별자리)과 땅의 법(法:지세, 물줄기, 토양 등), 그리고 새와 짐승 및 인간의 모습 등 만물에서 팔괘의 모습을 따왔다"는 기록이 있다. 팔괘의 모양은 단지 세 가닥의 평행선으로 구성되었기 때문에 다양한 자연물의 형상을 찾아보기 어렵지만, 추상적인 형상을 그린 '지사(指事)'문자의 형성과 연계시켜 볼 수 있다.

둘째는 신농씨(神农氏)와 '결승(结绳)'의 관계를 통한 역사적 사실과의 연계로 파악할 수 있는데, 결승은 여러 개의 끈이나 색깔이 서로 다른 끈을 서로 묶어서 사건을 기록하거나 의사(意思)를 전달하는 방법이다. 대개 결승은 잉카제국에서 백성을 통치하기 위한 수단이었던 퀴푸(Quipu)에서 그 유래를 찾고 있으며, 고대 중국에서는 문자대신에 새끼매듭을 '정령(政令)'의 부호로 삼았다는 '결승의 정치'에 대한 이야기가 전해지고 있다. 사실 결승은 다양한 모습으로 운용되었는데, 앞에서 언급했던 잉카의 퀴푸를 비롯하여 우리나라에서 아기탄생을 알리는 금줄이나 일본의 볏짚, 그리고 유럽의 천조각 등도 결승의 일종이라고 할 수 있다.

셋째는 황제의 사관(史官)이었던 창힐(创颉)이 새와 짐승의 발자국을 보고 그 문양(纹样)에 따라 사물을 구별하였다는 '서계(书契)'에서 한자가 기원했다는 설이 있다. 문헌의 기록에 의하면, 눈이 네 개가 달린 창힐이 새와 짐승을 발자국을 보고 '서계'의 원리를 발견했다는 것으로, '창힐이 글자를 만들자 하늘에서 곡식이 내리고 귀신이 밤에 곡을 놓아 울었다.'는 이야기가 전해진다. 사실 이러한 '창힐'의 문자창제에 관한 내용은 전국시대 후기의 ≪순자(荀子)≫에 보이며, 진시황 때 소전(小篆)을 정리했던 이사(李斯)는 ≪창힐편(创颉篇)≫이란 책을 저술하였고, 또 ≪한서·예문지(汉书·艺文志)≫에도 '창힐(创颉)'이란 이름의 서적이 출현하고 있다. 하지만 평범하지 않은 인물로 묘사되거나, 네 개의 눈을 가진 사람으로 그려진 창힐의 신격화된 모습은 오히려 그 진의를 의심하게 한다.

이러한 한자의 기원설은 보다 확실한 설득력을 위해 '갑골문(甲骨文)'을 근간으로 하고 있으며, 갑골문의 발견은 한자의 역사와 더불어 중국의 역사시대를 B.C.1300~B.C.1100년 전으로 끌어올려놓았다는 점은 시사점이 크다고 할 수 있다.[8] 하지만, 정작 중국인들이 갑골문의 존재를 인식하게 된 것은 근대, 즉 청나라 말년(1899년)에 한약재로 쓰이던 '용골(龙骨: 땅에서 발견된 갑골조각)'에 새겨진 '전문(篆文)'이 발견되면서부터이다. 배

갑골문의 발견모습

8 한자(汉字)의 기원은 6000년 전의 중국 앙소(仰韶:西安 半坡 등의 신석기 문화) 문화에서 발견된 도기(陶器)에 새겨진 각부(刻符)로부터 시작하여, 4500~5000년전의 대문구(大汶口)문화의 도기(陶器)에서는 문자와 유사한 도형(图形)이 발견되면서, 우리들에게 문자발생의 과정에 대한 정보를 제공해 주고 있다.

리강(裴里崗)의 가호(贾湖) 유적지에서 발견된 갑골조각(甲骨片)은 한자의 역사를 다시 4000년 전으로 거슬러 올라가게 하였으며, 이후에 산서성(山西省)의 반파(半坡)유적이나, 임동현(临潼县)의 강채(姜寨)유적, 그리고 산동반도의 대문구(大汶口)문화와 장강 하류의 양저(良渚)문화에서도 다양한 기호를 가진 다량의 도기(陶器)[9]가 발견되면서 갑골문은 중국의 역사를 상징하는 주요한 표지가 되었다.

갑골문(甲骨文)은 비록 완전한 문자의 형태를 갖추지는 못하고 있지만, 한자가 어떻게 만들어졌는가를 살필 수 있는 기호라 할 수 있다. 대개 갑골문은 상나라(商代)를 기준으로 이전과 이후로 나누어 분류하는데, 상대 이후의 갑골문은 기원전 14중엽-11세기 중엽의 은상(殷商)왕조 때 귀갑(龟甲:거북의 껍질)과 수골(兽骨:동물의 뼈)에 새겨진 문자로 상대 이전의 갑골문에 비해 문자체계의 특성을 갖추고 있다.

한자의 기원은 원시부호, 결승(结绳), 서계(书契) 등 다양한 언어 기원에 관한 설과 연관지어 볼 수 있으며, 다만 '汉字'라는 이름의 문자 체계는 갑골문에서부터 비로소 그 흔적을 찾을 수 있다. 이후 한자의 자형은 갑골문에서 해서(楷书)에 이르기까지 변화과정

---

9 山西省의 반파(半坡)유적에서는 27개의 기호가 새겨진 도기 113점이 발견되었고, 임동현(临潼县)의 강채(姜寨)유적에서는 38가지의 기호가 새겨진 도기 129점이 발견되었다. 또 황하 하류 산동반도에서는 대문구(大汶口)문화와 장강 하류의 양저(良渚)문화에서도 다양한 기호를 가진 도기가 발견되었다.

을 거쳤는데,[10] 이러한 한자의 변화를 나타내는 각 자형(字形)들 또한 당시의 사회발전이나 문화현상을 볼 수 있는 중요한 사료가 된다.

① 용골(龙骨)과 갑골문(甲骨文)

갑골문이 이처럼 중국 역사의 흐름을 바꿔 놓았지만, 정작 갑골문의 발견은 '용골(龙骨)'이라고 하는 한약재에서 비롯되었는데, 갑골(甲骨)이 한약재가 된 것은 뼈의 주성분인 탄산칼슘의 진정작용에서 비롯되었다고 한다. 한자의 기원이라고 할 수 있는 갑골편의 구성성분은 '귀갑(龟甲:왼쪽 사진)[11]'과 '수골(兽骨:오른쪽 위 사진)'로 구분할 수 있는데, 갑골편에 글자가 있다는 것을 발견한 사람은 금문석각(金文石刻)을 연구하던 산동성의 '왕의영(王懿荣)'이라는 학자라고 알려져 있다. 1899년 여름, 무더위로 인해 학질에 걸렸던 왕의영은 병이 호전되어 바깥으로 나와 바람을 쐬다가 가솔들이 약방에서 사온 '용골(龙骨)'에서 기이한 문자부호가

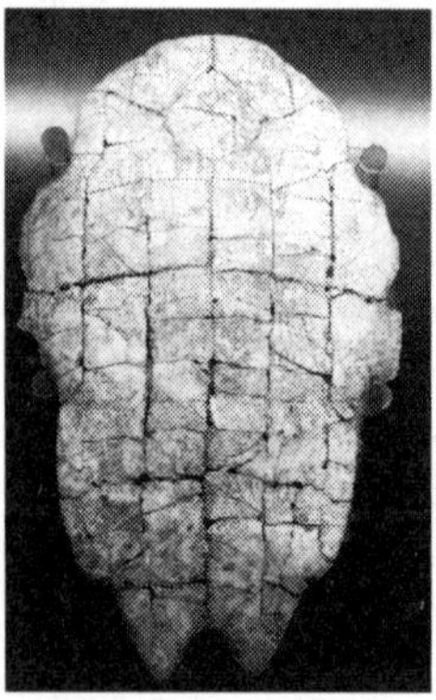

귀갑(龟甲)

10 한자 자형의 변화는 현대에 정리된 간체(简体)에 이르기까지 갑골문(甲骨文)→금문(金文)→대전(大篆)→소전(小篆)→예서(隶书)→초서(草书)→해서(楷书)→행서(行书)의 순으로 발전해왔다고 볼 수 있다.

11 본문에서 제시하고 있는 갑골의 사진 출처는 경상대학교 중문과 김혁 교수님의 소장 자료.

수골(兽骨)

새겨져 있는 것을 발견하게 된다. 그리하여 그는 '용골'의 출처를 확인하게 되었는데, 그곳은 4000년 전의 상나라(은나라) 후반기의 도읍지인 '은허(殷墟)'가 있던 하남성 안양시 소둔촌(小屯村)으로 밝혀졌다. 왕의영에 의해 '갑골편'에 새겨진 부호가 은나라에서 사용된 문자임이 확인되면서 비로소 '갑골문(甲骨文)'[12]은 세상에 드러나게 되었고, 은나라가 중국역사의 일부분이라는 고증이 이루어졌다. 뿐만 아니라, 1986년 3월, 섬서성 서안시 장안현(长安县) 두문향(斗门乡)의 화원촌(花园村)에서 발견된 원시인의 각사(刻写) 갑골편은 은나라에서 멈추었던 중국의 역사시기를 용산문화(龙山文化) 말기인 황제(黄帝)시대 및 하(夏)나라 초기로 거슬러 올라가게 하는 중요한 발견이었다.

사실 갑골문의 발견은 단순히 고대 중국에 문자기호가 있었으며, 현재 사용되고 있는 한자의 모체가 되었음을 증명한 것 이상의 의미를 지니고 있다. 다시 말해, 갑골문의 내용에 대한 해석을 통해서 당시 왕조의 역사와 생활상을 알 수 있게 해 주었을 뿐만

12 갑골문의 내용은 주로 은의 통치자가 수렵이나 전쟁을 나가기 전, 거북의 껍질(龟甲)과 동물의 뼈(兽骨)를 가지고 길흉을 점친 이야기가 기록으로 남겨진 것들이었다. 은(殷)나라가 망하면서 도읍지는 폐허로 변했고, 이러한 갑골들 또한 땅속에 파묻히게 되었고, 오랜 시간이 지나 소둔촌 농민들이 농사를 짓거나 집을 건축하는 과정에서 다양한 갑골 조각을 발견하게 되면서 세상에 드러나게 되었다.

아니라, 주나라를 기점으로 삼았던 중국의 역사시대의 경계를 상나라에까지 올라가게 함으로써, 중국의 역사를 새롭게 써 나갔다는 점에서 더 큰 의의가 있다고 할 수 있다.

② 우정(盂鼎)과 금문(金文)

금문의 발견 또한 시대적 상황을 확인하는 주요한 척도가 되는데, 바로 석기시대에서 청동기로 넘어간 시기를 알아볼 수 있는 근거가 될 수 있다. 즉 고대 중국에서 주나라가 존재하던 시기에 청동기가 사용되고 있다는 점을 알려주고 있으며, 이미 이 시기에 주조술(铸造術)과 야금술(冶金術)이 상당히 발전했음을 보여주고 있다. 금문(金文)은 청동으로 만들어진 종(钟)이나 정(솥:鼎)에 새겨져 있기에, '종정문(钟鼎文)'이라는 별칭을 가지고 있다. 주나라 사람들은 그 당시의 청동(青铜)을 금(金)이라고 불러 금문(金文)이라고 칭하게 된 것으로, 우정(盂鼎)[13]이 발견되면서 그 위용이 세상에 드러나게 되었다.

한(汉)나라에 와서는 청동기의 발견이 그다지 많지는 않았지만, 오히려 동한(东汉) 허신(许慎)의 ≪설문해자(说文解字)≫에 의해 금문이 존재한다는 사실과 한자가 지닌 문자로서의 중요한 가치를 지

13 우정(盂鼎)은 기원전 982년 9월 노예주귀족이었던 우(盂)가 주나라 강왕(周康王)에게 하사받은 제신용의 향주와 노예, 토지 등에 관한 내용을 적어놓은 청동의 정(鼎)으로, 주강왕이 내린 하사품과 하사문의 내용이 정(鼎)의 복부에 새겨져 있다.

니고 있음이 알려졌다. 이후 송(宋)나라에 이르러, 청동기가 다량으로 발견되면서 수집과 연구가 진행되었는데, 7천여 건이 수집 정리되었으며, 4천여 개의 글자가 발견되었으며, 현재 그 중에서 2천여 글자가 해독되었다. 그리고 금문은 갑골문과 문자의 체계나 구조가 비슷하여 갑골문으로부터 변화, 발전된 것임을 짐작케 하며, 이후 전서나 예서, 해서 등의 자형변화가 어떻게 이루어졌음을 확인할 수 있는 첫 번째 단서가 된다.

③ 서동문(书同文) 정책과 소전(小篆)

소전(小篆)은 진시황의 서동문(书同文) 정책에 의해 완성된 통일 서체인데, 한자의 또 다른 서체인 전서(篆书)의 일종으로 대전(大篆)과 대비되어 이름이 지어졌다. 전국을 통일한 진시황은 승상 이사(李斯)를 시켜 6국문자의 통일과 더불어 대전을 간화한 통일 서체를 만들게 하는데, 진나라의 서체라 하여 '진전(秦篆)'이라고도 부른다. 특히 소전은 문자의 통일 과정에서 다양한 윤색과정을 거치면서 갑골문이나 금문 등 도화문자(图画文字)가 지닌 상형성이 약화되었으며, 문자로서의 추상성이 강화되었고 필획이 길어진 것이 특징이다. 뿐만 아니라, 필획이나 편방을 쓰는 방법(书写方法)이나 글자의 크기가 통일되고, 한자의 형체 또한 정방형에서 수직 형태로 네모꼴의 모양으로 당시 중국인들의 문자에 대한 인식을

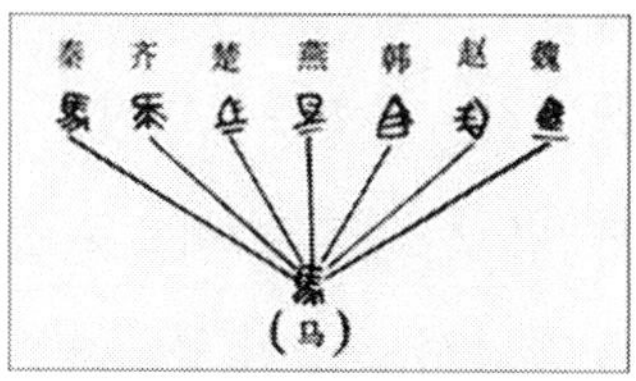

엿볼 수 있다.

한자의 발전과정에서 '小篆(소전)'이 가지는 문화적 가치는 앞에서 언급한 것처럼, 진시황의 중국통일과 서동문 정책 등의 제도문화와 밀접한 관련이 있다. 또한 정부가 직접 문자를 통일하고 고쳤다는 것은 당시 중국인들이 이미 단순히 의사를 전달하는 도구로서의 언어인식에서 정책이나 제도를 수반하는 정보전달의 도구로 그 인식체계가 바뀌었다는 것을 의미한다.

④ 한자 자형의 완성 - 예서(隶书)와 해서(楷书)

본래 예서(隶书)는 당시의 하급관리나 낮은 계층의 지식인들이 사용하던 문자였으나, 진시황의 통일 중국에서는 공무가 번잡해지면서 서사법이 복잡한 소전은 업무를 빨리 처리하기에 많은 장애요소가 있었다. 그리하여 민간에서 사용하던 예서체가 소전을 대체하여 한나라의 공식서체로 사용되었는데, 예서의 공식화는 당시 감옥의 하급관리였던 정막(程邈)이 죄를 짓고 감옥살이를 하게 되면서 정리한 것으로 전해진다. 그는 옥살이를 빨리 벗어나고자 당시 옥장인 몽염(蒙恬)에게 토끼털로 만든 붓을 선물하게 되고, 그 과정에서 3천여자의 소전을 재정리하여 진시황에게 바치면서 통일된 '예서(隶书)'가 탄생하게 되었다. 사실 문자는 한 사람에 의해서 만들어지는 것이 아니라 널리 사람들에 의해서 통용되어야만 비로소 온전한 자형으로써의 가치를 가지게 된다. 예서 또한 춘추전국시대에 일반 백성들이 어려운 한자를 고쳐서 병기나 도기에 사용하던 문자였던 것이다. 다만 정막 같은 문자에 열정을 가진 사람들이 보다 체계적인 정리를 통해 보다 완성도를 높이고, 또 진시황 같은 통치자가 수용해야만 비로소 표준자형이 될 수 있게 된다는 것을 보여준다.

현재 우리가 컴퓨터에서 사용하는 문자에 인쇄체와 필기체가 구별되듯이, 예서(隶书) 또한 한나라를 거치면서 해서(楷书)와 초서(草书)의 두 갈래로 갈라져 발전을 하게 된다. 초서는 네모방식의 정형화된 형체의 예서를 사용하기에 불편했던 실무자들이 보다 빠르고 간편하게 쓰기위한 필기체 방식이라고 할 수 있다. 동한(东汉) 장제(章帝) 때 사람인 두도(杜度)의 초서체가 유명하였는데, 후에 이 초서를 '장초(章草)'라고 불렀다. 하지만 초서는 '금초(今草)'와 '광초(狂草)'로 발전하면서, 다른 사람들은 알아보지 못하는 등 불편함을 느끼던 당시의 사람들은 예서에 기초한 새로운 '해서(楷书)'를 만들게 되었다. 해서는 초서의 삐침이 심한 부분을 잘라내고 비교적 단정하고, 깔끔하게 예서와 같이 직선화한 것이 특징이다. 해서는 동한(东汉) 말년에 이르러 기본적인 형체가 정리되었지만, 해서의 단정함은 예서에서와 마찬가지로 공무나 문자 작업을 하는 사람들에게는 여전히 번거롭기는 마찬가지였다. 그리하여 해서에 기초하여 초서와 같은 필기체의 방식이기는 하지만, 심한 삐침이나 흘려쓰기에 제한을 두기 시작한 '행서(行书)'가 나타났는데, 초서와는 달리 적절한 제한을 가함으로써 지금도 해서와 더불어 사용되고 있다.

2) 갑골문(甲骨文)과 통치 권력의 변화

사실 수 천자가 넘는 한자를 모두 분석한다는 것은 지난(至难)한 작업이지만, 중국인들은 갑골문 한자한자를 자소(字素)와 형체 분석을 통해 많은 양의 갑골문을 해석해 내었다. 본문에서는 중국인들의 이러한 자소분석으로 해석된 갑골문의 해석을 통해, 중국문화의 근간이 되는 그들의 역사적 변화와 사상의 근원을 지도자이자 권력자를 지칭했던 한자를 통해 살펴보고자 한다.

먼저 원시시대에 무리를 이끌었던 지도자는 대개 우리가 알고 있는 추장이나 무속을 행하던 제사장 등이 있었고, 이후 중국에서는 '三皇五帝(삼황오제)'의 전설 속의 '皇(황)'과 '帝(제)'는 이후 진시황 이후 두 글자가 결합하여 전 중국을 거느리는 '皇帝'가 된다. 사실 춘추(春秋)시기에 공자는 그 나름의 관점으로 추앙했던 '圣人(성인)'과는 달리, 본래의 '圣(聖)'은 기물의 발명자로써, 생활에 필요한 기물을 발명하고, 백성들을 자연의 위험으로부터 구하고자 했던 당시의 지도자였던 것이다. 이러한 해석은 옆의 그림에서 보듯이 '圣(聖)'의 갑골문의 형체는 '큰 귀를 가진 사람이 입 옆에 있는 모양'으로, 청력이 예민하여 자연의 변화를 예지하여 백성들에게 알려주었던 사람으로 해석할 수 있다. 오래전 원시시대에서 인간에게 가장 위협적인 존재는 바로 자연재앙이

었으며, 이러한 재앙을 먼저 감지하고 일반 백성들에게 알려주는 사람이야말로 위대한 인물이었던 것이다. 즉 수렵생활 과정에서 동물의 발자국 소리를 듣거나 혹은 자연재해의 징조를 먼저 느끼고 피해갈 수 있는 능력의 소유자였기에, 모든 사람들의 지도자가 될 수 있었던 것이다.

중국인들이 고대 역사에서 가장 '圣(성)'으로 추앙받는 인물은 아마도 삼황오제(三皇五帝)[14]가 아닐까 하는데, 사실 '삼황오제'에 대해서는 여러 설이 존재하고 있으며, 아직까지는 전설로 남아있다. 먼저 반고씨(盘古氏)의 천지개벽은 반고가 혼돈의 지구를 하늘과 땅으로 분리하여 지금의 지구가 되었다는 전설같은 이야기이지만, 중국에는 반고의 무덤까지도 설정하여 역사적 사실임을 강조하고 있다. 다음으로는 이름(巢)에서 보는 것과 같이 나무 위에 집을 짓고 살던 시대의 유소씨(有巢氏)는 들짐승을 피해 나무에서 생활을 했던 원시인들의 생활상을 보여주는 재미있는 이야기이다. 나무를 비벼 불을 구했던 수인씨(燧人氏)는 불의 발견과 더불어 인간이 여전히 날것을 먹고있는 동물과 차별화된 생활을 한 역사적 사실을 보여준다. 또 그물로 물고기와 짐승을 잡던 시대의 복희씨(伏羲氏)는 아마도 강가의 사람들에게 그물 만드는 법과

---

14 삼황오제에 대한 설은 많으나, 대개 ≪십팔사략(十八史略)≫에 근거하여, 태호복희씨(太昊伏犧氏), 염제신농씨(炎帝神農氏), 황제헌원씨(黃帝軒轅氏)를 삼황(三皇)으로, 오제(五帝)는 황제의 자손인 소호금천씨(小昊金天氏), 전욱고양씨(顓頊高陽氏), 제곡고신씨(帝嚳高辛氏), 제요도당씨(帝堯陶唐氏)와 제순유우씨(帝舜有虞氏)로 보는 견해가 많다.

낚시하는 방법을 가르쳤을 것이고, 먹을 수 있는 식물과 먹지 못하는 식물을 하나하나 맛을 보며 구별하여 인간들이 곡물을 재배할 수 있는 기틀을 마련했던 신농씨(神农氏)는 농사의 신으로 추앙받고 있다. 이후, 제국을 창건하였던 황제 유웅씨(有熊氏)는 국가를 정비하고 체제를 만든 임금으로, 이들 모두 자연 속에서 문명을 개척해 나가던 원시 인간사회에서 국가의 완성까지의 역사를 그대로 재현하고 있는 것으로 보인다.

현재 우리가 대체로 알고 있는 '성인(圣人)'이란 말에 담긴 뜻은 공자(孔子)가 중국의 역사에서 공헌한 사람으로 요(尧), 순(舜), 우(禹), 탕(汤), 문(文), 무(武), 주공(周公) 등을 추앙해서 한 말에서 비롯되고 있지만, 정작 '圣'자의 갑골문이 만들어질 당시의 성인은 원시시대의 '제사장(추장)' 정도로 파악할 수 있다. 물론 지금 우리가 이해하는 우리시대의 '성인(圣人)'이란 말은 단순히 중국의 역사인물뿐만 아니라 불교의 석가모니, 기독교의 예수 등도 포함될 수 있으며, 현재 가톨릭의 수장인 교황 또한 성인으로 부를 수 있을 것이다.

두 번째 '帝(제)'는 꽃의 형상으로 만물을 창조했다는 토템에서 왔으며, 상(尚)나라에서 제사를 바친 신들 중에 가장 높고 위력을 가진 신으로 추앙받고 있다.[15] 이때의 '帝(제)'는 비, 바람, 번개 등과 재앙과 행운을 동시에 일으키는 '帝神(제신)'으로, 주나라 이후에는 '天(천)'으로 대체되었는데, 이후 역대 왕들이 '天子(천자)'로

15 许进雄 著≪中国古代社会≫(영남대중국문학연구실 옮김) 48쪽. 참조

불리게 된 것이 이러한 토템에서 비롯되었다고 볼 수 있다.[16] 또 다른 '帝(제)'의 갑골문에 대한 해석은 '꽃받침과 꽃대가 서로 이어진 꽃의 형상'을 본뜻 것이라고 하기도 하고, 또 나무 시렁 위에 여자의 생식기를 올려놓고 숭배한 모습이라고도 한다. 다시 말해, 꽃과 여자는 동식물의 생명을 이어주는 번식의 근원으로서의 토템에서 비롯되었으며, 중국인들이 자기들을 화하민족(华夏民族) 혹은 중화민족(中华民族)이라고 할 때의 '华(華)' 또한 꽃나무 전체의 형상으로 고대 중국인들이 꽃을 토템으로 숭배하여 최고의 신으로 삼았다는 것을 알 수 있다.

또 오제(五帝)의 시대로 일컬어지는 帝(제)에서는 각종 기물의 발명과 아울러 사회를 규제하는 각종 인위적인 제도와 시설이 완비된 시기로 전해진다. 이 시대는 제국의 면모를 갖추고 관원을 두었으며, 다른 종족으로부터 공물을 받았다고 전해진다. 반고(班固)의 ≪백호통(白虎通)≫에 "황제(黃帝)는 처음으로 사회제도를 만

16 물론 주나라 때의 神으로 추앙받는 '天子'와 한나라 이후의 왕의 명칭으로 써의 '天子'와는 차이가 있다.

들었고, 전욱(顓顼)은 신과 인간사이의 관계를 바르게 하였고, 제곡(帝嚳)은 도덕을 궁극에 이르도록 하였으며, 요(堯)는 청묘하고 고원하며 한가로우면서도 넓었다. 순(舜)은 요(尧)의 가르침을 진실하게 받아들여 이를 실행하였다."라고 되어 있는데, 이는 '帝'의 기능을 단순한 기물의 발명이 아닌 제도의 실행에 두고 있음을 보여준다.

세 번째의 왕조의 건립과 더불어 나타난 지도자는 '王(왕)'이다. '王'의 갑골문은 화염(火焰)의 모양, 수컷의 성기 모양, 도끼 모양, 군왕이 단정히 앉은 모습, 혹은 면류관을 쓴 모습이라고 다양한 해석이 나온다. 뿐만 아니라, 문헌의 기술에 따르면, 황제(黄帝)가 처음으로 의관제도를 창시했을 때의 왕관(면류관)을 상징한 것이라 전하기도 한다. 다만 왕의 시대는 중국 고대사의 제3단계로 계급이 성립되고 국가가 제도화 되어 개인의 의무가 강화되었으며, 문자기록이 존재하여 역사시대로 접어드는 시기로 해석한다. 이 시기는 정치상에서 최고의 권력을 장악한 사람을 상징하며, 이 권위나 지위를 '王'이라는 추상적 개념으로 사용하였던 것이다. 하지만, 봉건제도 이후, 고대 중국에서의 '王'은 제후국의 대표자를 상징하게 되었으며, 천자(天子)라는 황제와 왕(제후)의 관계가 유지되었다.

3) 또 다른 한자유희 – 합체자(合体字)

중국어에는 동일한 한자 여러 개를 겹쳐서 하나의 의미를 가진 글자를 만들기도 하고, 또 여러 개의 한자로 만들어진 하나의 글자가 성어의 내용을 담고 있기도 하다. 필자가 보기에는 이것도 일종의 언어유희라고 볼 수 있는데, 대체로 2개 내지 3개를 겹친 글자는 이미 사전에 등재되어 있다. 중국어의 한자 중에서 획수가 복잡한 한자는 기본적으로 이미 여러 개의 글자가 합쳐진 것이긴 하지만, 사전에도 등재되지 않은 특이한 한자들이 서로 획순의 다수를 경쟁하고 있다. 먼저 사전에 등재되어 생활한자로 많이 사용되는 글자들은 둘 내지 세 개의 동일한자가 결합된 동체회의자(同体会意字)가 많은데, 두 개로 구성된 林(림), 炎(염), 竝(병) 등은 너무 많아 일일이 열거하기 힘들다. 세 개 이상의 동체(同体)가 결합한 한자에는 口(입)이 세 개가 모인 品(품)은 '말로써 이것저것을 비교하여 평하다'의 의미를 가지며, 车(車: 수레 거/차)가 세 개가 합쳐진 轰(轟hōng: 굉)은 수레가 요란하게 지나가는 소리를 나타낸다. 또 石(돌 석)이 세 개가 합쳐진 磊(lěi: 돌무더기 뢰)는 돌무더기를 나타내고, 빛(日)이 세 개가 모이면 '晶'(밝을 정)이 된다. 한자에 주어진 의미를 자세히 살펴보면, 지금의 한자 중에서 회의자가 탄생된 배경을 보다 쉽게 이해할 수 있다. 또 이러한 회의자의 형성은 일상생활과 밀접한 관련이 있는데, 특히 농사와 관련된 '田(밭 전)'의 쓰임은 다른 글자보다 많이 쓰이고 있음을 알 수 있다. 예를 들어, 田이 세 개가 합쳐진 畾(léi: 뢰)는 밭 사이의 땅이나 성채를 나타내는데, 그 밑에 다시 土를 넣으면 성루(城壘)가 된다. 다시 네 개의 田 아래에 土가 받치고 있는 壨(léi: 뢰)는 천둥이 치는 것을 그림으로 나타낸 것으로 雷(우레 뢰)의 옛글자(古字)이다.

물론 세 개의 한자가 결합한 경우 또한 사전에 등재되어 있고, 생활 속에서 다양하게 사용되고 있기 때문에 크게 어색하거나 특이한 느낌을 들지 않는다. 다만 또 하나의 한자유희라고 할 수 있는 글자는 한자사전에서 쉽게 찾아보기 힘들거나 전혀 나오지 않은 글자들 중에는 매우 재미있는 글자들이 있다. 예를 들어, '马'을 아래위로 놓으면 '나란히 달리는 말'을 나타내며, 앞에서 수레(车)를 수레를 끌고 있는 세 필의 말을 나타내는 驫(piāo: 표)는 '여러 필의 말이 달리는 모습'을 나타낸다. 또 새가 때지어 다니는 모습을 나타내는 雥(zá: 잡)이 있고, '水'가 세 개가 합친 淼(miǎo: 묘)는 수면이 넓어 아련하게 보인 것을 나타낸다. 또 '龍'이 세 개가 모인 龘(tà: 답)은 '용이 날아가는 모습'을 나타내며, 네 마리의 용이 모이면 '말(言)이 많다'는 것을 나타낸다. 이 외에도 云(구름)이 네 개가 모이면 '구름이 넓게 낀 모양'을 나타내고, 鱼(생선)이 네 개가 합치면 '물고기가 매우 많음'을 나타낸다.

이처럼 우리가 생활 속에서 알고 있는 이러한 한자와는 다른 또 다른 형태의 합성자(合成字)[17]를 볼 수 있는데, 특히 중국의 다

17 합성자 또한 하나의 한자로 사용될 때는 합체자에 해당한다.

양한 문화를 대변하는 합체 한자들이 있다. 아마도 우리가 쉽게 본 것 중의 하나는 '招财进宝(초재진보)'[18]가 하나로 결합한 합성자일 것이다. '招财进宝'는 글자 그대로 '재물을 부르고, 보물이 들어온다'는 의미를 지고 있으며, 고대 중국에서 재앙을

몰아내고 재물과 복을 가져와서 행복한 생활을 누리고자 하는 염원을 담고 있다. 대개는 안 쪽에 네모형태의 구멍이 있는 둥근 동전에 '招财进宝, 黄金万两(초재진보, 황금만량)' 등의 글귀가 새겨져 있다. 또 중국의 섬서(陕西)성의 관중(关中)지역의 전통음식인 biángbiang面에서 온 'biang'이란 합성자가 있는데, 면을 만드는 과정에서 'biangbiang' 소리가 난다고해서 지어진 이름이

라고 한다. 전해오는 바에 의하면, 재능을 겸비하였지만 매우 궁핍한 생활을 하던 수재(秀才)가 함양(咸阳)에 도착하여 길거리를 거닐다가 어느 국수집 앞을 지나게 되었는데, 안쪽에서 'biang-biang'하는 소리가 계속 들려서 가게 안으로 들어갔다. 안에는 주방장이 바지와 같이 생긴 넙적한 면발[19]을 뜨거운 물에 넣었다 건져

18 이 성어의 출전은 元나라 刘唐卿의《降桑椹》第二折에 나온 "招财进宝臻佳瑞, 合家无虑保安存。"에서 왔다.

19 면발이 지금의 국수처럼 둥글지 않고 바지처럼 넓적하게 생겨서 biángbi-

내고 있었는데, 너무 맛있어 보여 아무런 생각 없이 국수 한 그릇을 시켜서 먹었다. 그런데 계산을 하려고 보니 돈이 없어 어떻게 빠져나갈까를 궁리하다가, 밥값 대신 본래 이름이 없던 국수의 이름에 맞는 한자를 만들어주기로 흥정을 하였다. 본래 이 점포는 'biang'이라고 불리어졌을 뿐 국수에는 이름이 없었다. 그래서 수재는 고심 끝에 노래를 부르면서 일필휘지로 용과 뱀과 같은 큰 글자를 써 내려갔는데, 이 때 부른 노래가 바로 사진 아래에 나오는 시 같은 문장이다.

一点飞上天，黄河两道(边)弯；
한 점이 하늘로 날고, 황하는 양안으로 굽이쳐 흐르고;

八字大张口，言字朝(往)里走，左一扭，右一扭；
八자가 크게 입을 벌리니, 言자가 안으로 들어가네,
왼쪽으로 잡아당기고, 또 오른쪽으로 잡아당기고;

西一长，东一长，中间夹(加)个马大王；
서쪽에 长자 1개와 동쪽에 长가 한 개, 중간에는 马대왕이 들어서고;

心字底，月字旁，弯个勾勾(留个勾搭)挂麻糖；
심자저, 월자방을 놓고, 구불구불 엿가락을 걸어 놓고;

推了车车走咸阳。
수레를 밀고 함양을 떠나네.

---

ang面은 '库带面'이라는 별칭을 가지고 있다.

위의 가사(歌词)는 섬서(陕西)지방에서 구전되는 노래이기 때문에, 노래의 유래에 대한 전설이나 가사의 글자는 약간씩 차이를 가지고 있다. 본문에서는 사진의 내용과 같은 글자를 선택했으며, 노래가사를 하나하나 따라가면 사진 속의 글자가 만들어짐을 알 수 있다.

3. 어음(语音)과 청각영상

태초에 언어(语言)가 있고 문자(文字)가 있었다고 전해지는데, 여기서 언어는 '소리' 즉 어음(语音)을 의미한다. 이후 인간은 다양한 시각기호와 숫자기호를 어음에 대비시켜서 의사를 전달하고, 이어서 각 사물의 명칭이나 의사표현의 다양한 형식을 시각기호로 완성한 것이 '문자(文字)'이다. 표의문자인 한자는 소리를 나타내는 청각영상인 어음보다는 시각기호인 문자에 초점을 두고 있기 때문에, 다른 언어에 비해 동음어가 매우 많다는 것이 특징이다. 사실 동음어가 많게 되면 대화를 하는 과정에서 화자와 청자가 서로 오해하는 경우가 많이 발생하는데, 중국인들은 이러한 동음이 가지는 문제점을 해음(谐音: 동음이의어를 응용하여 본래와 다른 의미를 부여하는 것)관계를 활용하여, 현실생활에서 나타나는 다양한 사회적 현상을 해학적이고 긍정적인 사고로 풀어 나가고 있다.

이러한 해음문화는 언어의 경제성 원칙과도 부합되어, 최근 IT 산업의 발전과 더불어 나타난 다양한 블로그나 SNS 등에서는 숫자와 어휘의 해음관계를 활용하여 채팅하는 장면을 볼 수 있다. 예를 들면, 5와 2, 그리고 0의 숫자 세 개를 합친 '520'은 '我爱你(너를 사랑해)'를 가리키는데, 숫자 '5(wu)'는 중국어 '我(wo)'를 나타내며, 숫자 '2(er)'는 '爱(ai)'를, 그리고 숫자 '0(ling)'은 '你ni(너)'의 발음을 유사발음으로 인식하게 된 것이다. 여기에 다시 '1314(yisanyisi)'을 앞뒤로 붙여보면, '我爱你一生一世(너를 사랑해, 평생 동안)'나 '一生一世我爱你(평생토록 널 사랑해)' 등으로 바꾸어 표현하게 되는데, 이전에는 쉽게 표현하지 못했던 '사랑해'라는 표현이 사회전반에 확산되면서 나타난 문화현상으로 볼 수 있다.

1) 동음어(同音语)와 해음(谐音)의 발생

동음어(同音语)란 '동음이의어(同音異义语)'의 준말로, 동일한 음성형태(발음)를 가지고 있으나 의미가 다른 두 개 이상의 단어를 가리킨다. 동음어가 만들어지는 요인은 크게 '음운의 변화'와 '의미의 분화'로 구분해서 살펴볼 수 있다. 먼저 음운의 변화는 통시적으로 오랜 시간을 거치면서 발음이 변화되어 나타나거나, 다양한 방언간의 교류에 의해서 나타날 수 있다. 특히 중국은 넓은 영토와 다민족이 혼재하고 있기 때문에 비록 한자라는 동일한 문자를 사용하더라도 여전히 민족이나 지역, 그리고 기후의 차이 등으로 인한 발음차이는 해음(谐音)관계를 일으키는 중요한 요인으로 작용하고 있다.

대개 중국어에서 谐音(해음)관계를 통한 언어유희는 '谐音取义(해음취의: 해음관계를 통해 의미를 얻음)'라고 하여 동음(同音)을 통해 연상(联想)작용을 일으키는 수사방식의 일종으로, 동음어 또한 의미의 분화를 통해 다의어(多义语)가 형성되는 계기가 되기도 한다. '의미의 분화'는 본래 단어가 가지고 있는 의미가 두 개 이상으로 분화되면서 중의(重义)나 다의(多义)를 형성하는데, 세월이 지나면서 다의(多义)를 구성하는 각각의 의미항목 사이에서 분화가 심해져 서로 별개의 단어로 인식하게 된 것이다. 일반적으로 사전에 등재된 한 개의 단어에 여러 개의 의미가 존재하는 것을 볼 수 있는데, 우리는 이러한 의미파생의 순서에 따라 크게 본래의미, 기본의미, 파생의미, 비유의미 등으로 구분한다.

먼저 '본래의미'란 대개 문헌의 기재를 통해 파악되는 어휘가 생성될 당시의 최초의 의미라고 할 수 있다. 이러한 본래의미는 현대에는 거의 사용되지 않기 때문에 의미가 상실된 것으로 간주할 수 있으나, 한자형태의 동일성은 고전문헌의 활용 등에서 여전히 그 의미가 잠재하고 있음을 부인할 수 없다. 그 다음, '기본의미'는 현재에 사용되고 있는 가장 본질적인 의미로, 대개 사전에서 첫 번째로 나오며 사용빈도가 가장 높다. '파생의미'는 본래

의미나 기본의미에서 파생된 것으로 대개 사물이나 사건의 연관성에서 나타난 것으로, 경험이나 습관을 통한 연상의미로 드러난다. 예를 들면, 한국어에서 본래 질병의 이름이었던 '천연두(妈妈病)'라는 병이 '손님'으로 불리게 된 배경에는 함부로 할 수 없어 '정중하게(조심스럽게) 모셔야(다스려야) 할 대상'인 '손님'을 연상하면서 연상의미가 성립되었다고 볼 수 있다. 특히 한국어에는 한자가 많은 비중을 차지하면서 한국어 발음과 한자 사이에서 많은 동음현상이 발생한다. 예를 들면, 한국어 사전에는 '사고'에 대응하는 한자동음어가 무려 18개나 된다.[20] 뿐만 아니라, 현대 한국어에도 중국어의 해음관계처럼 동일한 한글 발음에 서로 다른 한자들이 연결된 어휘들이 존재하는데, 예를 들어, '눈(雪, 眼)', '밤(栗, 夜)', '발(足, 簾)', '솔(刷, 松)' '배(船, 腹, 梨) 등은 한국어의 음운특징인 음의 장단을 구별하지 못하는 사람에게는 여전히 동음어로 인지될 수밖에 없다.

중국어에서 동음어를 이용한 해음관계를 가장 멋있게 풀어낸 인물로 언어학자 조원임(赵元任)을 들고 있는데, 그는 'shi' 발음을 가진 다양한 한자의 해음관계를 활용하여 한편의 이야기를 엮었던 것으로 유명하다.

20 '四考, 四苦, 四庫(库), 史庫, 司庫, 四顧(顾), 死苦, 私稿, 私考, 私庫(库), 社告, 查考, 事故, 師姑, 思考, 思顧(顾), 斜高, 飼藁' 등이 있다.

施氏食狮史

(施氏가 사자를 먹은 이야기)

石室诗士施氏，嗜(즐길 기)狮，誓食十狮。
석실에 사는 시인 施氏는 사자를 즐겨 먹었는데, 열 마리를 먹겠다고 맹세를 하였다.

(施)氏时时适市视狮，适(만날 적)十狮适市，
施氏는 종종 시장에 가서 사자를 찾았는데, 마침 사자 열 마리가 시장에 나왔고,

(施)氏恃矢势，使十狮逝世。
施氏는 화살을 쏘아, 사자 열 마리를 죽였다.

(施)氏适石室食狮，石室湿，(施)氏拭(닦을 식)石室，
施氏는 석실에 와서 사자를 먹으려고 하는데, 석실이 너무 습하여 석실을 닦았다.

试食十狮尸，食时，始识是十狮尸，实十石狮。
막 시식을 하려고 하는데, 그 때, 비로소 그 사자들이 돌사자라는 것을 알았다.

이러한 해음을 통한 언어유희 이외에도, 중국인들은 해음을 통해 일상생활의 길흉(吉凶)을 판단하여 행운을 기대하거나 흉한 것을 금기하여 회피하도록 하였다. 뿐만 아니라, 직접적으로 표현하기 힘든 정치적 비판이나 사회문제에 대한 풍자를 할 때에도 해음을 활용하였다.

중국어에서 동음어(同音语)가 가지는 '일음다사(一音多词)'의 어음의 특징을 활용하는 해음(谐音)의 문화적 특징은 북경어를 중심으로 한 표준음과 표준음 사이에만 해당하는 것이 아니라, 방언의 다양한 발음과 표준어 사이에서도 매우 많은 예들을 찾아볼 수 있다. 우리가 일반적으로 접하는 표음문자에서는 '일음다사(一

音多词)'현상을 보기 어려우며, 대체로 '일사다의(一詞多义)'의 '다의어(多义词)'가 대부분이라고 할 수 있다. 하지만 표의문자인 중국어에 동음어가 많다는 사실은 대표 자전인≪신화자전≫에는 'bā'음에 해당하는 한자만 12개가 수록되어 있으며, 또 ≪현대한어사전≫의 'yì'음절에는 195개의 단어 및 형태소가 있다는 것에서 이러한 사실은 증명되고 있다. 앞에서 보았던 언어학자 '조원임(赵元任)'의 '施氏가 사자를 먹는 이야기(施氏食狮史)'는 중국어에 동음어가 많다는 사실을 하나의 예시로써 언급한 것이며, 중국인의 일상생활 속에서는 이러한 해음으로 인한 오해 또한 비일비재하게 발생한다고 한다. 예를 들면, 사실 지금은 누구나 손에 들고 다닐 정도로 전화기가 많지만, 옛날 전화(电话)가 많지 않던 시절에는 전보(电报)를 통해 소식을 전달하였다. 특히 전보는 대개 발음기호, 그것도 알파벳으로 많이 하게 되는데, '抱病(지병)'을 앓고 있다고 전하려고 했던 것이 'bàobìng'이 동일한 발음을 가진 '暴病(위급한 병)'으로 잘못 전달되어 사람을 초조하게 만들었다는 기록도 있다.

중국어 해음(谐音)문화의 주요한 특징은 음양(阴阳)대비나 상반(相反)대립과 같은 중국인의 대립관념의 측면에서 관찰할 수 있는데, 대개 '길상어(吉祥语)'와 '금기어(禁忌语)'가 상호 대비되어 나타난다. 이러한 대립관념은 중국인들이 각기 연상되는 대상에 따른 좋음과 나쁨, 칭찬과 비하, 사랑과 증오, 기쁨과 슬픔, 즐거움과 성냄 등으로 대비시켜 부정적인 감정을 긍정적인 감정으로 변화하려는 의도가 강하게 드러낸다. 홍콩에서는 세를 놓은 집을 '空

屋(공옥, 빈집)'으로 표현하였으나, 여기에 사용된 '空'이 광동 발음으로 '凶'자와 동음으로 들리기 때문에 집을 세를 놓을 때는 '凶'자와 반대되는 '吉'자를 넣어 '吉屋(길옥, 행운이 깃드는 집)'라고 고쳐서 표현을 하게 되었다고 한다.

또 '凶한 것'을 '吉한 것'으로 변화하고자 하는 중국인의 이러한 사고는 다양한 각도에서 보이는데, 가장 대표적인 것이 부적(符籍)과 대련(对联) 등에서 보이는 한자와 어휘, 그리고 성어(成语)들의 구성방식에서도 찾아볼 수 있다. 예로부터 중상(重商)주의적 풍조가 강한 마카오에서는 장사가 순조롭게 잘 되기를 바라는 마음에서 '发(발), 财(재), 生(생), 顺(순)'의 네 글자를 중시하였는데, 특히 앞의 네 글자를 이용한 조합인 '发财(발재: 돈을 벌다)'나 '生猛(생맹: 활력이 넘치다. 용맹스럽다)'와 같은 어휘는 매우 인기가 있었다. 뿐만 아니라, 또 현재 중국어에서 행운의 숫자로 여기는 8(ba)은 홍콩이나 마카오 등지에서는 '发(fa)'와 발음이 비슷하여 나타난 해음현상이었으며,[21] 현재 전화번호나 자동차 번호판 등 사람들이 널리 이용하는 사물의 번호에 '8'자가 포함되어 있으면 높은 비용으로 팔리기도 한다. 특히 번호를 구성하는 숫자 중에서 '8'이 많거나 혹은 특별한 배열방식을 가지고 있으면, 더 많은 행운이 찾아올 것이라 인식하게 된다.

하지만, 한국어에서는 한자어와 한글이 어느 정도 변별력을 가

21 숫자 '8(ba)'과 '发(fa)'는 서로 다른 음으로 읽히고 있으나, 마카오 방언에서 8과 '发'는 모두 입성(入声)으로 독음은 표준어에 비해 더 비슷하게 발음된다.

지기 때문에, 대개 문맥을 통하여 동음어의 의미가 큰 혼란 없이 구별되는 경우가 많다. 만약 혼동의 우려가 많은 경우에는 그 혼동을 피하기 위해 여러 가지 방법이 쓰이는데, 그 중 하나가 동음어관계에 있는 어휘 가운데 하나가 스스로 다른 단어로 대체하는 경우이다. 예를 들면, 중세 한국어에서 동음어였던 '마ᅀᆞᆯ(官衙)과 ᄆᆞᅀᆞᆯ(村落)이 근대어에서 '마을'로 바뀌어 동음어가 되자, '마ᅀᆞᆯ'은 한자어 '관아(官衙)' 혹은 관청(官厅)로 바뀌어 사용된 것이 그 좋은 예이다. 이 외에도, 한자와 달리 표음문자에 속하는 한국어에는 비록 어음형식은 다르지만, 발화과정에서 일시적으로 동음어관계에 놓이는 '준동음어'들이 있다. 예를 들면, 있다(有), 잇다(續:续), 잊다(忘) 등과 '낫(鐮:镰), 낮(晝:昼), 낯(面), 낱(單:单), 난(穀:谷) 등은 비록 글자나 문맥에 의해 변별이 가능하지만, 여전히 소리는 동일하게 들리기 때문에 혼란을 일으킬 여지가 남아있어 주의해야 한다.

현대중국어의 해음(谐音)현상은 전통 개그형식의 '상성(相声)'이나 최근에는 인터넷 상의 'SNS' 등에서 많이 활용됨으로써, 대표적인 중국문화의 일부분으로 자리 잡고 있다. 사실 동음어를 통한 언어유희는 어떤 언어에서도 볼 수 있는 보편적인 상황으로, 한국어에서도 '비 오는 날은 공(空/球)치는 날이다.' 등과 같이 한자의 동음을 활용해 일상생활에서의 단면을 비유하기도 한다. 이러한 한국어 속의 한자 언어유희는 우리나라가 한글 창제 이전에 한자를 빌어서 썼기 때문에 이미 한자가 습관화되었고, 그리하여 한국어 고유어 사이의 동음어 이외에도 고유어와 한자어 사이에 동음어가 수없이 많다.[22] 특히 중국어에는 한자의 특수성으로 인해 동음어(同音语), 즉 동음이의어(同音异义语)가 다른 어느 언어에 비해 많이 존재하는데, 중국인들은 이러한 동음어들을 귀찮아하여 부정적으로 생각하기보다는 긍정적 사고를 통해 다양한 언어생활에 응용하고 있다. 특히 동음의 대비적 리듬은 시(诗)、사(辞) 등의 문학 활동에 많이 응용하고 있으며, 비유법 등의 수사적 활용이나, 사회적 풍자 등에 많이 활용되고 있다. 중국어에서는 이러한 현상을 해음(谐音)이라고 하여, 중국문화에서 중요한 문화현상으로 자리 잡고 있다.

2) 행운과 기대의 해음문화

① '春节'(춘절)과 새해의 '安宁(안녕)'

정초에 우리가 그 해에 어떠한 좋은 일이 있을지 운세를 통해 보듯이, 중국인들은 행운이 가득하고 늘 평안한 새해가 되기를 기원한다. 그래서 새해에는 '年年有余 (년년유여)'와 '岁岁平安(세세

22 동음어를 국어어휘의 계열에 따라 분류해보면 ① 고유어끼리의 동음어, ② 고유어와 한자어의 동음어, ③ 고유어와 외래어의 동음어, ④ 한자어끼리의 동음어, ⑤ 한자어와 외래어의 동음어, ⑥ 외래어끼리의 동음어, ⑦ 고유어 · 한자어 · 외래어의 삼중구조를 가진 동음어. ⑧ 고유어와 한자어의 복합어로 이루어진 동음어 등으로 구별할 수 있는데 그 중에서 한자어끼리의 동음어가 과반수를 차지하고 있다.

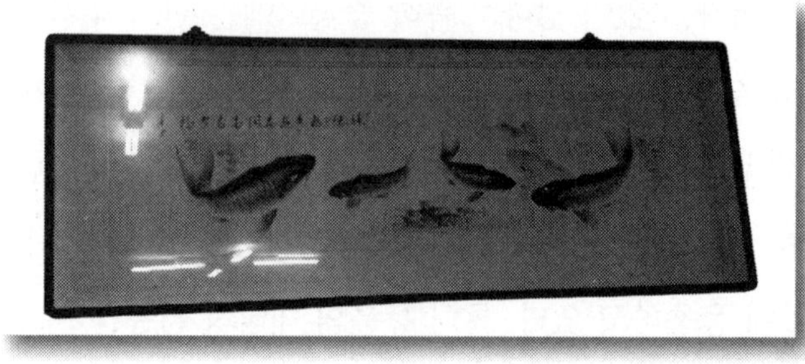

평안)', '岁岁年年(세세년년)'과 반대의 '年年岁岁(년년세세)' 등의 인사나 덕담을 건네게 되는데, 인사말 이외에도 그림을 그려 이러한 인사를 상징적으로 나타낸다. 대개 회사의 현관이나 개인의 사업장, 그리고 식당 등에서 볼 수 있는 물고기 그림은 '해마다 풍요롭기를 바라는' 의미의 '年年有余'를 '年年有鱼'로 해음한 것으로, 새해를 나타내는 '年nian'은 '鲇nian(메기)'과 해음되고, 풍요롭고 남음이 있기를 기원하는 '余yu'는 '鱼yu'와 해음되어 잉어나 메기를 그려 놓아 시각적인 형상화를 해 놓은 것이다. 이러한 시각적 형상화 이외에, 구체적인 행동으로 보여주는 것도 있는데, 춘절(설날)에 '年糕niangao'을 먹는 것이다. 이것은 해마다 생활수준이 높아지기를 바라는 '年高niangao'와 해음관계인 年糕(년고)를 먹음으로써 올 한해에는 많은 수익을 얻어 부자가 되고자 하는 마음을 표현하였다.

또 '岁岁平安'은 한편으로는 사람들이 실수로 그릇을 깨뜨렸을 때, '碎(깨뜨리다)와 동일한 발음인 '岁'를 활용하여 불쾌한 기분을 날려버리게 하는데 사용한다. 다른 한편으로는 깨뜨리는 행위를 하는 '碎碎(쇄쇄)'가 '岁岁(세세)'[23]로 해음되는 까닭에 대만에서는 연말연초에 집안에 오래된 가구나 가전제품을 강가에 버리거나 깨뜨리는 것을 볼 수 있는데, 지난해의 안 좋은 것들은 버리고 새로운 것을 맞이하기를 바라는 마음을 나타낸다.

②'结婚(결혼)'과 가정의 '幸福(행복)'

또 일상생활에서 행운과 기대를 바라는데 사용되는 해음관계는 새로운 시작을 알리는 결혼식에서 부부의 원만한 결혼생활과 빨리 자식을 낳아 대를 이어 달라는 염원이 담긴 다양한 행위를 하는 것을 볼 수 있다. 대표적으로 폐백에서 부모가 신부에게 '红枣(대추)'와 '밤(栗子)'를 던져서 받게 하는데, 이것은 枣(대추: zǎo)와 栗子(밤: lìzi)가 '早立子(zǎolìzi)'와 해음이 되어 '자식을 빨리 낳으라'는 의미를 담고 있기 때문이다. 그 외에서 '花生(땅콩)'과 '莲子(연자)', 그리고 '桂圆(계원)' 등을 던지는데, 이것은 귀한(贵) 자식을 연이어(连) 낳으라(生)는 의미가 담겨 있다.

결혼식에서 볼 수 있는 또 다른 행위의 해음관계는 대문을 들어서는 신부에게 포대(袋) 두 장을 번갈아 놓으면서(传) 밟게 하는데, 이것 또한 자식을 낳아 대를 이어(传代) 달라는 기대를 담고 있다. 또 소수민족 지역에서는 신부가 사과(苹果)를 물고 말안장을 건너뛰는 행위를 하는데, 이것 또한 사과의 '苹'과 말안장의 '鞍'을 통해 해음관계인 '平安(평안)'을 도출해낸다.

23 중국어에서는 두 개의 발음이 모두 sui로 같다.

3) 금기와 기피의 해음문화

미래의 불확실한 상황에 대한 불안은 불길(不吉)하거나 부정적인 상황에 대한 회피나 기피현상으로 나타나는데, 이러한 현상을 중국어에서는 '避讳(피휘)'라고 하고 한국어로는 '금기(禁忌)' 혹은 '기피(忌避)'라고 번역할 수 있다. 중국어에서 '避讳(피휘)'는 경외(敬畏)의 대상에 대한 기피하고자 하는 호칭금기인 '名字避讳(명자피휘)'와 불쾌한 일의 발생이 연상되거나 비도덕적인 현상에 대한 비판으로 나타나는 '不吉词避讳(불길사피휘)', 저주를 피하기 위한 부적인 符咒(부주)[24] 등이 있다. 즉 중국어에서 '避讳(피휘)'로 규정되는 특정 어휘에 대해서는 말로 표현되는 것이 금지되거나 꺼려지기 때문에 그 특정단어를 금기하거나 기피하는 것이 주요 내용이나, 그것과 관련된 어휘를 사용해야 하는 경우에는 대체어나 완곡어를 통해 표현하게 된다.[25]

중국어에서 '名字避讳(명자피휘)'는 해음관계를 통해 특정 한자나 어휘를 금지하는 대표적인 현상인데, 즉 특정 사물이나 사람의 이름에 대한 동일 발음이나 유사발음을 사용하는 것을 금기하거나 혹은 기피하게 된다. 대체로 봉건시대의 잔재물이라 할 수 있는 '名字避讳(명자피휘)'에는 帝王讳(제왕휘), 尊者讳(존자휘), 长

24 152쪽 민간신앙과 부주 참조.

25 한국어에서는 이러한 금기어를 대신하여 사용되는 단어를 금기에 의한 대용어(代用語)라고 부른다.

者讳(장자휘), 亲者讳(친자휘)로 구분해 볼 수 있다. 왕권중심의 봉건제도가 사라지면서 존재하지 않는 황제를 피휘하던 '帝王讳'는 사라졌지만, 다른 세 가지는 여전히 현대에도 남아 봉건제도 속 유교 문화의 잔재가 남아 있음을 보여주고 있다. 왜냐하면, 최근에는 비록 과거보다는 이름을 쉽게 부를 수 있지만, 여전히 옛 제왕을 대체하는 국가지도자나 세계적인 유명인사, 조상이나 웃어른의 이름, 그리고 선배들의 이름 또한 직접적으로 부르는 것은 예의에 어긋나는 것이라고 여기는 사람들이 많기 때문이다.

먼저 帝王讳(제왕휘)는 또 '国讳(국휘)'라고도 하며, 진시황(秦始皇)의 이름인 '嬴政(영정)'으로 인해 '正月(정월)'이 '端月(단월)'로 바뀐 것에서부터 시작되었다고 할 수 있다. 또 한(汉)나라 건국자 刘邦(유방)의 '邦'자는 동일한 의미를 지닌 '国'자로 바꿔서 사용했으며, 우리가 흔히 알고 있는 관직 중의 '户部尚书(호부상서)'는 당(唐) 고종(高宗)때 본래 '民部尚书(민부상서)'였던 것을 태종(太宗) '李世民(이세민)'의 '民' 자에 대한 피휘에서 나왔다고 한다. 이러한 피휘현상이 강해지면서 황제의 부친이나 조부 등에 대한 피휘도 생겼는데, 진시황의 부친 이름이 '子楚(자초)'인 관계로, 사마천의 ≪史记≫「秦始皇本记(진시황본기)」에는 '楚(초)'자가 모두 '荊(형)'자로 바뀌어 사용되고 있는 것 등이 피휘에서 비롯되었다고 한다.[26]

우리가 태어나서 가장 만나기 싫어하는 사람의 '죽음(死)'과 수

26 더 많은 예는 103쪽 '피휘와 터부심리' 참조.

재나 화재 등의 자연의 재앙(灾), 사고나 나쁜 일로 생기는 불행(祸) 등을 나타내는 글자나 어휘는 대표적인 부정의 의미를 담고 있다. 특히 죽음과 관련된 어휘를 사용하는 것을 적극적으로 기피하는 '不吉词避讳(불길사피휘)'의 대표적인 한자라고 할 수 있는데, 인간이라면 누구나 싫어하고 피하고 싶어서 말하기조차 꺼린다. 죽음을 나타내는 '死(사)'와 해음되는 숫자 '四'가 중국뿐만 아니라, 일본, 한국 등 한자문화권의 3국에서는 모두 사용하기를 꺼려하는 숫자가 된 것이 이러한 현상과 관련이 있다.

4) 비판과 풍자의 해음문화

민간풍속에서 개인이나 가족의 행운을 빌고, 불운을 퇴치하고자 해음관계를 활용했다면, 사회 전반이나 국가정책에 관한 해음관계의 활용은 현실에 어긋나거나 잘못된 정치에 대한 비판과 더불어 비정상적으로 변해가는 사회를 고쳐보자는 국민들의 의지가 담겨있다고 할 수 있다. 이러한 비판과 풍자는 근현대에 문화적 발전과 개혁경제로 인한 경제발전과 관련이 많은데, 여전히 유교와 봉건적 잔재가 남아있던 당시 사람들의 인식에서는 모두가 우려할 만한 사회적 변화였다. 예를 들어, 근대기에 전 세계에 나타났던 '自由恋爱(자유연애)'의 물결은 중국에도 영향을 미쳤고, 이러한 사회풍조는 유교에 기반을 둔 당시 중국의 사회현실에서 이러한 자유스러움은 문란함으로 비춰졌다. 이에 당시의 사회현상이나 문학예술에서 보여주었던 '自由恋爱'라는 용어에서 그리워함을 나타내는 '恋'(연)자를 어리러움을 나타내는 '乱(란)'자로 바꾸어 '自由乱爱(자유난애)'라는 해음어를 만들어 문란한 남녀 간의 교제를 비꼬았다. 또 이러한 자유연애의 풍조는 경제적 발전과 더불어 매춘산업으로 이어졌고, 국가의 번영과 발전이라는 '繁荣昌盛(번영창성)'이라는 표어는 '昌(창성할 창)'자와 해음관계에 있는 창기를 나타내는 '娼(창기 창)'을 바꾼 '繁荣娼盛(번영창성)'이란 표어로 당시의 매춘행위의 문란함을 비판하였다. 또 이러한 사회현상의 비정상적인 흐름은 국가조직과 직업관계에서도 뇌물이라는 비정상적인 인사 관계나 불건전한 취업 풍토에 대한 비판도 이어졌는데, '有礼走遍天下(뇌물이면 안 되는 것이 없다)'는 '礼(선물=뇌물)'를 해음관계를 가진 '理(이치)'와 대치시킴으로써, 정직과 이치가 통하는 '有理走遍天下(이치에 맞으면 세상 어디를 가도 거침없다)'를 기대하는 국민들의 염원이 담겨있다고 할 수 있다. 특히 등소평(邓小平)이 자본주의 경제를 받아들여 경계개혁을 시작하면서 나타났던 '황금만능주의'의 풍조를 비판한 '向钱看(돈을 향해 보라)'도 이전의 사회주의 건설에서 주장했던 '向前看(앞을 향하여 보라)'이란 표어의 '前'과 동일음을 지닌 '钱'을 해음하여 당시 사회의 부정적 세태를 풍자하고 있다.

5) 숫자해음(諧音)과 애니미즘

중국인들의 일상생활에서 볼 수 있는 해음현상은 대개 '토템'이나 '미신(迷信)' 등과 연관된 무속(巫俗)신앙, 혹은 무술(巫術)문화와 연계되어 나타나는 경우가 많다. 특히 신비함에서 생기는 금기는 생활 속의 두려움을 피하고자 하는 인간의 바람이 특정 현상이나 사물에 다양한 문화현상을 불어넣은 것으로, 애니미즘이나 샤머니즘적 현상을 통한 기대심리 속에서 신비함을 추구하는 경우도 많이 볼 수 있다.

그 중에서 사람의 기대심리나 신비감은 매우 주관적이기 때문에, 보다 객관화된 체계성을 확보하기 위해서는 가장 오랜 시간을 사용해 온 수치(数值)를 활용하게 된다. 기록을 통해 보면, 중국에서 숫자를 사용하기 시작한 시기로는 상나라로, 당시의 갑골문에 이미 1에서 9까지의 숫자와 십, 백, 천, 만의 숫자가 보인다. 고대부터 중국에서는 짝수와 홀수에 음양(阴阳)을 대비하여 설명하고 있으며, 더 나아가, 모든 숫자에 각각의 의미를 부여하여 그들의 생활과 연관시키고 있다. 중국인들은 각각의 숫자에 그들의 신념과 생활에 관련된 다양한 의미를 부여하고 있는데, 숫자 1은 '합치다, 집중하다', 숫자 2는 '분리되다. 분산되다', 숫자 3은 '여러 번 혹은 많은'의 의미로 사용되고 있다.

본래 숫자 4는 공간이 사면으로 구성되었다는 옛날 사람들에게는 사면(四面), 사방(四方), 사해(四海) 등의 방위개념이 중심이었지만, 죽음을 의미하는 '死'와 해음이 되면서 운동선수는 4번을 달지 않는다든가, 혹은 병원에서는 4층이 없는 곳도 있다. 최근에 한국의 높은 건물의 승강기에는 4층을 표시하는 숫자 4 대신 'F'가 적힌 것을 발견할 수 있으며, 비록 '미신(迷信)'과 같은 샤머니즘적 요소가 있는 것을 알면서도 이미 동양 3국의 보편적인 터부의 문화현상으로 자리 잡았다.

숫자 6은 민간에서는 '六(liu)'과 '流(liu)'가 해음관계가 성립되어, '자연스럽다. 순조롭다.' 등의 의미를 지니면서, 미래의 하는 일이 순조로울 것이라는 기대 속에 매우 선호하는 숫자가 되었다. 그래서 아파트의 동호수나 전화번호 등과 같은 늘 함께하는 숫자에 6이나 8이 들어가길 기대하고 있으며, 특히 8이 들어간 전화번호나 차량번호 등은 매우 비싼 값에 팔린다고 한다.

사실 중국어에서 3 이상의 숫자와 3의 배수인 6과 9는 많다(多)와 연결되어 있다. 숫자 7과 8 또한 '많다'라는 의미로 사용되고 있으나, 정돈된 6, 9와는 달리, 많아서 정돈되지 못한 의미로 많이 사용된다. 대표적인 예로는 '乱七八糟(물건이 너저분하게 널려 있음)', '零七八碎(물건은 많으나 온전하지 못함)', '七嘴八舌(여러 사람이 떠들썩하게 이야기 함)'처럼 여러 가지의 물건이나 많은 사람이 어지러운 상태로 놓여있음을 나타낸다. 하지만 또 다른 해음관계의 측면에서 보면, '八(ba)'는 광동어 지역에서 '发(fa)'와 동음으로 해음관계에 있으며, 역시 6과 더불어 전화번호나 자동차 번호에 선호되는 숫자이다.

최근 젊은이들은 인터넷(온라인)의 채팅에서 해음을 활용한 다양한 숫자 조합을 활용하고 있는데, 이들 숫자해음의 특이한 점은 고어(古语)에서처럼 함축의미나 연상(联想), 그리고 은유 등의 비유적 표현이 아니라는 점이다. 뿐만 아니라, 숫자의 발음과 어휘의 발음이 약간 불일치하더라도 유사한 발음을 엮어서 어휘가 표현하는 의미를 전달하고 있는데, 예를 들어 '88(ba ba)'은 "拜拜(bai bai:잘가)"로 대체하고 있으며, '5469(wu si liu jiu)'는 "我想念你(Wo xiang nian ni: 나는 당신을 그리워합니다.)"로 대체하고 있다. 또 '7456(qisiwuliu)'은 "气死我了(Qi si wo le: 짜증나)"로, '5129(wu yao er jiu)'는 "我要喝酒(술마시고 싶어)"에서 숫자 1은 중국어에서 연이은 번호를 읽을 때 'yao'로 발음되는 것을 응용한 것이다. '3Q3Q(san)'는 숫자 '3'의 발음 'san'과 영어의 'Q'를 합성하여 "thank you"를 대체하고 있다. 또 '13142020'은 "一生一世爱你爱你(평생토록 사랑하고 사랑해)"에서의 '1314'의 '일생동안'과 '9920'은 "久久爱你(영원히 사랑해)"에서의 '99'는 다른 구문을 활용하는데 널리 활용되고 있다.

이러한 숫자의 어휘대체는 호텔이나 백화점, 그리고 식당 등과 같이 상업적 행위를 하는 곳에서 고객확보를 위해 활용하는 경우가 많은데, 특히 성탄절이나 밸런타인데이 등의 기념일과 행운의 숫자를 연계하여 특화된 요금을 만들어내기도 한다. 중국의 어느 호텔에서 선보였던 요금제를 살펴보면, 일반방의 요금에 1,314(一生一世)元을 더하면 비즈니스 스위트룸으로, 여기에다 3,344(生生世世)元을 더하면 호화 스위트룸으로 격상하여 투숙할 수 있도록 하였다고 한다. 또 해음을 즐기던 어떤 사람이 새 차를 사서 자동차 번호 '00544'를 받고는 '动动我试试(나를 건들기만 해봐!)'로 해석을 하고는 운전을 하다 사고가 났는데, 상대 차의 번호가 '44944(试试就试试: 하고 싶으면 해 보라지!)'로 해석되는 것을 보고는 순간 할 말을 잃었다고 한다. 이처럼 숫자 4를 다른 각도에서 해석하는 것은 기피하거나 부정적인 것을 긍정의 방향으로 해석하려는 중국인의 자세를 엿볼 수 있는 좋은 예이기도 한다.

이처럼 중국인들의 생활 속의 숫자는 단순히 돈이나 수열의 계산만을 위한 것으로 존재하는 것이 아니라, 해음관계를 통해 다양한 긍정적 상징을 찾아내는 또 하나의 문화심리를 표현하고 있다. 뿐만 아니라, 최근 젊은이들이 사용하는 인터넷 채팅에서는 또 다른 측면을 볼 수 있는데, 이것은 한자가 가진 표의성의 특징을 연상법이나 은유법의 활용이 아닌 표음성의 특징만으로 고려했다는 점은 과거와는 달리, 서구문화를 많이 접한 젊은이들의 사유방식이 잘 반영되고 있다는 사실을 알 수 있다.

4. 어법(语法)과 구조질서

교제의 수단으로 활용되는 언어는 선형성을 지니고 있어서, 비록 여러 개의 사건을 한꺼번에 전달하고자 하여도, 하나의 문장에 일정한 순서를 지어서 길게 확장할 수밖에 없다. 이러한 언어학적 특징을 '언어의 일차원성'이라고 한다. 따라서 두 개 이상의 한자로 구성된 단어나 구절, 그리고 여러 개의 문장성분으로 연결된 구문은 반드시 일정한 어법규칙과 논리관계에 따라 그 순서를 지키게 된다. 이러한 어법규칙에 따른 일차원성의 결합을 어순(语顺:중국어는 '词序')이라고 하며, 우리가 지금까지 주어, 술어, 목적어 등 각 문장성분의 어법관계에 따라 구문분석을 하게 된 주요한 근거가 된다. 하지만, 실제로 화자로부터 발화된 구문이 반드시 앞에서 언급한 이성적 논리관계나 기본적 어법규칙에 따라 배열되지 않는 경우가 많은데, 이것은 문장성분의 순서 배열이 화자의 발화의도와 밀접한 관련이 있기 때문이다. 예를 들면, 우리가 '감탄문'이라고 지칭하는 구문은 오히려 어순도치를 통해 화자의 발화의도를 강조하는 것으로, 화자가 어떠한 정보를 전달하려고 하느냐에 따라 어순은 바뀔 수 있다는 점이다.

하지만 중국어의 어법문화는 한국어의 어법문화에 비교해서 시간성과 논리관계가 더욱 철저히 지켜지고 있다고 볼 수 있으며, 단어를 구성하는 형태구조 또한 시간순서와 정비례하는 경우가 훨씬 많다. 예를 들면, 한국어 '소개(绍介)'하다는 중국어에서는 '介绍(개소)'로 어순이 정반대로 구성되어 있는데, 이것은 한국어와 중국어의 언어사유가 점차 상대적으로 바뀌고 있음을 알 수 있다. 또 통사적으로도 중국어 '我昨天去商场买衣服。(나는 어제 백화점에 가서 옷을 샀다.)'에서 '去商场买衣服'의 어순은 한국어에서는 두 개의 동사구가 서로 어순이 바뀐 '옷 사러(买衣服) 백화점에 갔다.(去商场)'라고 번역하는 것이 자연스럽다. 즉 '백화점에 가다'와 '옷을 사다'의 두 행위에 대한 표현에서 어순이 정반대로 구성되어 있음을 볼 수 있다. 이처럼 자연시간에 순응하는 구성방식을 가지고 있는 중국어는 화자의 의도를 덜 드러내는데 비해, 한국어는 화자의 의도를 좀 더 강조함으로써 자연시간과 역행하는 방향으로 진행되고 있다는 것을 알 수 있다.

1) '의합(意合)'구조와 중국인의 논리사유

중국어의 어법구조에서는 어순이 표현하는 언어사유가 다른 언어에 비해 매우 강하다는 것을 엿볼 수 있는데, 단어의 형성에서 나타나는 '의합(意合:의미의 결합)'의 논리관계와 구문의 성립과정에서 나타나는 어순의 질서구조라고 할 수 있다. 이러한 '의합'의 결합방식에 따라 형성된 중국의 어휘를 살펴보면, 매우 재미있는 예를 발견할 수 있다. 사실 중국어에는 다른 동물에 비해 늙어

(老) 보이는 이름을 가진 동물로 호랑이(老虎)와 생쥐(老鼠)가 있는데, 이것은 어휘의 생성 당시 중국인들이 호랑이와 쥐에게 가지고 있던 다른 동물과는 다른 경외감에서 비롯되었음을 알 수 있다. 즉 앞에서 언급한 '老虎'와 '老鼠'에서 '老'가 나타내는 것은 경외(敬畏) 중의 '畏(두려움)'의 의미를 담고 있다.

중국어 '老'에는 기본의미인 '늙다' 이외에, '오래된, 진부한, 낡은' 등의 의미가 있으며, 또 접두사로 사용될 때 파생된 의미에는 존경과 두려움을 나타내는 '경외(敬畏)'의 인지사유를 표현하기도 한다. 우리가 초급중국어 교재에서 쉽게 볼 수 있는 스승의 의미인 '老师'에서 '老'는 '敬(존경)'의 의미로 사용된 대표적인 예이다. 또 우리는 '老虎'나 '老鼠', 그리고 '老师'에서 사용된 '老'는 본래 의미인 '늙다'의 형용사가 아닌 접두사로 어법화 되었으며, 이러한 접두사로서 '老'가 나타내는 '존경'의 의미는 일반적인 관념의 '老百姓'이나 또 사람의 성씨 앞에 붙는 '老张、老李、老王……' 등에서는 비록 존경의 의미가 들어있기는 하지만, 즐겨 사용하게 됨으로써 '老'의 의미가 상대방에 대한 '배려'의 정도로 약화되었음을 알 수 있다.

사실 '경외(敬畏)'의 의미를 포함하고 있는 '老'가 동물의 이름에도 있다는 사실은 처음 중국어를 접하는 외국인, 특히 서구의 외국인에게는 매우 이해하기 어려운 상황일 수도 있을 것이다. 왜냐하면 '老'를 '늙은 혹은 나이 든' 것으로 해석하게 되는 서구 언어의 특성에서 이러한 중국의 문화사유를 찾아내기는 어렵기 때문이다.

뿐만 아니라, 왜 하필 동물 중에 '호랑이'와 같이 백수의 제왕을 다루는 '사자'가 아닌 '쥐'가 호랑이와 동등한 비중을 가지고 있는가에 대해서는 '老虎'나 '老鼠'가 생성될 당시 중국의 사회 문화적 환경을 보다 정확하게 인지할 수 있다면 쉽게 이해할 수 있다.

우리는 특정 언어의 어휘나 어법성분의 구조관계를 통하여 그 언어를 사용하는 사람들의 다양한 사회생활의 면모를 볼 수 있으며, 또 다양한 상황, 판단, 환경, 조건 등을 나타내는 서로 다른 어휘를 통해서도 그 언어를 사용하는 사람들의 다양한 문화방식을 연결시킬 수 있다. 왜냐하면 언어는 특정 언어의 구조방식을 통해 화자가 전달하고자 하는 내용을 청자에게 전달하는 과정이라 볼 수 있으며, 하나의 내용이 반드시 하나의 특정구조로만 표현되는 것은 아니기 때문이다. 비록 기본적인 구조형식의 어법범주가 있기는 하지만, 단순히 어법구조만으로 논리를 표현하는 것이 아니라, 다양한 구조와 서로 다른 어휘를 통해서도 동일한 내용을 전달할 수 있다. 예를 들면, 한국 사람들은 '밥을 먹는 것'을 '식사를 한다.' '끼니를 때운다.' '허기를 채운다(달랜다).' '진지를 들다.' 등으로 달리 표현하기도 하고, 심지어 인사의 표현도 '아침/점심/저녁 드셨습니까?'처럼 '아침, 점심, 저녁' 등의 시간을 먹기도 한다. 다시 말하면, '밥'이라는 어휘 또한 동일한 사물(밥)을 식사(食事), 끼니, 허기(虛饥), 진지, 아침, 점심, 저녁 등 서로 다른 어휘를 통해 표현하고 있음을 알 수 있다.

이처럼 한 언어 안에서 공시적으로 비슷한 의미를 가지는 두

개 이상의 어휘를 '유의어(类义语)'라고 한다. 이전에는 동의어(同义语)라는 용어가 많이 사용되었는데, 대개 동일한 지시대상을 가리킨다든가 가장 중심적인 기본의미가 같다는 것을 의미한다. 하지만 하나의 문장에서 자유롭게 바꾸어 써도 의미가 완전히 같은 동의어는 존재하지 않기 때문에, 유의어의 활용 또한 '문장성분' 상호간의 논리관계를 정확하게 이해해야 한다. 왜냐하면 이들 식사나 끼니, 허기 등의 쓰임은 반드시 '밥'의 개념과 일치하는 것이 아니라, 서로 다른 상황과 판단, 그리고 서로 다른 환경과 일정한 조건을 갖추었을 때 비로소 동일한 의미범주를 표현하기 때문이다. 예를 들면, 아침에 '저녁 먹었는지'를 물어 볼 수 없고, 밥을 먹고 나서 다시 '허기를 채워야겠다.'고 말하는 것이 이상하게 들리는 이유이다. 또 다른 논리범주나 존칭개념으로 인해, 식사는 '먹는 것'이 아니라 '하는 것'이 되어야 하고, 또 '진지'는 드셔야 하고, 끼니는 때워야 한다.

중국어는 또 유의한자가 가지고 있는 의미범주의 차이를 통해 어휘의 구성방식, 즉 형태소의 선후배열을 달리함으로써 어휘의 의미범주나 어법기능에 차이를 나타내는데 활용하기도 한다. 예를 들면, 우리가 흔히 초급중국어에서 볼 수 있는 동사 '喜欢(좋아하다)'은 그 구성형태소의 어순을 바꾸면 '欢喜'가 되는데, 이때는 명사 '기쁨, 환희'로 기능하게 된다. 특히 중국어와 한국어 한자어 사이에는 역순으로 그 번역이 성립하는 것을 볼 수 있는데, 초급과정에서 볼 수 있는 '介绍'와 '소개(紹介)'를 비롯하여, '盗窃(도절)'과 '절도(窃盗)', '达到(달도)'와 '도달(到达)', '缩短(축단)'과 '단축(短缩)', '替代(체대)'와 '대체(代替)', 答应(답응)'과 '응답(应答)', '声音(성음)'과 '음성(音声)' 등 중국어와 한국어 한자어 사이에는 유사한 어휘들이 많이 존재하고 있다.[27] 사실 이러한 어휘들은 고대 중국어에서는 둘 다 사용되었다고 볼 수 있는데, 이러한 역순한자어를 통해 한국어와 중국어의 언어사유를 비교해 볼 수 있다. 뿐만 아니라, 현대중국어에서도 서로 역순구조인 어휘가 함께 사용되고 있음을 볼 수 있는데, 答对(답대)와 对答(대답), 境地(경지)와 地境(지경) 등은 비록 유사한 의미를 지니고 있지만 그 적용범위와 담화초점이 서로 달라, 한국어에서도 서로 다르게 번역되거나 오히려 반대로 번역될 수도 있다는 점을 알아야 한다.

2) 어순의 중용성과 음양의 변증사유

중국어에서 나타나는 어순의 중용성이란 어법관계에서 병렬구조에서 나타나는 두 형태소의 대등관계에 대한 인식으로, 중용성의 추구는 중국인의 음양대립의 변증법적 사유방식에서 찾아 볼 수 있다. 대개 언어분석에서는 이음절 이상의 단어에서 나타나는 형태소의 결합, 즉 'A+B' 혹은 'B+A'의 대립관계를 크게 병렬구조

27 구체적인 내용은 졸저<한중유의한자어의 어순구조와 동의성 비교분석>, ≪동북아문화연구≫제45집(2015), 참조.

(联合구조)와 수식구조(偏正구조)[28]로 구분하게 되는데, 병렬구조는 다시 대등(对等)과 상반(相反)의 의미관계로 분류할 수 있다. 특히 중국인들은 상반대립의 병렬구조가 음양대립의 사유방식에 가장 적합한 특징을 가진다고 주장한다.[29] 이러한 중국어의 상반관계의 병렬구조가 중국인의 사유방식에 적합하다고 하는 것은 선진(先秦)시대 이래로 줄곧 중국어 복합어 구성의 기본 방식 중의 하나였으며, 두 형태소의 음양의 상반대립을 변증법적 사유방식과 연결해 볼 수 있기 때문이다. 중국어에서 음양구조로 구성된 대표적인 단어에는 음양(阴阳)을 비롯하여, 강유(刚柔), 동정(动静), 굴신(屈伸), 진퇴(进退), 대소(大小), 내외(内外), 손익(损益), 영허(盈虚) 등이 있다. 이러한 상반관계의 어휘가 점차 중국인의 사물에 대한 관찰이나 감상, 언어 표현과 행동으로서의 재현 등 다양한 방식에 영향을 주었으며, 이후 중국어의 문학예술에서도 성모와 운모 대립, 평측(平仄)의 대립, 음절중첩(重叠), 의미의 정반(正反)해석, 호문(互文), 대구(对句) 등 다양한 방식의 변증법적 사유방식의 표현 형식으로 드러나게 된다.

연구에 의하면, 영어의 복합어구성에서 병렬구조는 비교적 오래된 구성방법이며, 새로 만들어진 단어 중에서 수식구조의 복합어가 차지하는 비중은 약 1/6을 차지한다고 한다.[30] 어떤 학자들

---

28 '偏正(편정)구조'는 '偏义关系(편의관계)'라고도 한다.

29 汪榕培、李冬编著, ≪实用英语词汇学≫, 辽宁人民出版社, 1983년판. 참조.

30 "복합어에서 두 개의 구성부분 사이 의미관계는 다양하지만, 다수의 상황

은 이러한 연구결과에 근거하여, 현대중국어에서 '수식구조'가 병렬구조보다 더 많이 활용되고 있는 현상은 고대중국어의 단어구성에서 많은 비중을 차지하던 음양대립의 사유구조가 무너지고 있다고 주장하기도 한다. 하지만 "병렬구조의 단어구성은 여전히 중국어만의 독특한 풍격을 지니고 있으며, 형태소의 의미관계에서도 영어의 병렬구조 복합어와 비교할 수 없을 정도로 복잡한"[31] 구조관계를 형성하고 있다는 주장이 많다. 물론 현대중국어에서 수식구조가 많아지는 이유가 어기(语气)의 자유분방함 및 자연스러움, 표의의 정확함과 세밀함, 수식의 생동적 형상 등에 기인하고 있음을 주장하고 있지만,[32] 중국 문화의 큰 틀에서 본 대등관계 복합어는 여전히 중국어의 독특한 문화적 가치를 대변한다고 할 수 있다.

먼저, 대등관계복합어에 대해서 살펴보면, 대등관계란 '서로 같거나 비슷한 두 형태소가 서로 대등한 관계에서 상호 의미결합을 하고 있는 병렬구조'를 가리킨다. 고대중국어에서는 한 글자 한 글자가 각각의 의미를 가지고 있었기 때문에, 각각의 형태소가 서로 대등관계로 연결된 것이 많다.

에서는 첫 번째 부분이 두 번째 부분을 한정하거나 수식한다." 汪榕培、李冬 编著, ≪实用英语词汇学≫, 辽宁人民出版社, 1983년 판, p.8.

31 陈治安, ≪英语复合词比较≫, ≪西南师范大学学报≫게재, 1990년 제4기.

32 程湘清, ≪先秦双音词研究≫, ≪汉语史专书复音词研究≫ 게재, 商务印书馆, 2003년 판 ; 刘麟生, ≪中国拼文史≫(上海书店, 1984년) ; 苏新春, <汉语双音词化的根据和内因>, ≪广州师范学院学报≫(1990년 제4기) 등에 게재되어 있다.

甲兵之事，未之闻也。

군의 일에 대해서 아직 들은 것이 없다. (≪左传≫)

诸侯不仁，不保社稷。

제후가 어질지 못하면 사직을 보호할 수 없다. (≪孟子≫)

위의 첫 번째 예문에서 '군의 일(軍事)'이란 하나의 단어로 해석되고 있는 '甲兵'은 본래 '갑옷(甲)'과 '병졸(兵)'이라는 대등관계로 구성되어 있었으며, 또 아래 예문에서도 '나라의 운명 혹은 명운'으로 해석하는 '社稷(사직)' 또한 '토지신(社)'과 '곡식신(稷)'이라는 '농작물'과 관련된 두 신이 대등관계로 연결되어 있다. 이와 같이 대등관계로 구성되어 현대중국어에서는 하나의 단어로 사용되는 복합어로는 支持(지지), 征讨(정벌), 攻击(공격), 惭愧(참괴), 喜欢(희환), 教授(교수), 交通(교통) 등이 있다. 한국어에서는 征, 讨, 攻, 击 등은 모두 '치다'라는 동일한 표제어를 가지게 되어 구분하기가 어려우며, 惭愧(참괴), 喜欢(희환) 모두 '부끄럽다'와 '기쁘다'로 동일한 의미로 구성되어 있다고 이해하는 경우가 많다. 비록 현대중국어에서는 종합적 의미를 나타내는 어휘로만 사용되는 경우가 많지만, 여전히 각각의 한자들은 서로 다른 의미범주를 지니고 있음을 인식하고 한자 학습에 임해야 한다.

또 위의 단어화가 된 것과는 반대로, 구문에서 하나의 단어가 서로 다른 의미의 두 형태소로 나뉘어져 대구(对句)의 방식으로 구성되어 사용되는 경우도 볼 수 있다. 물론 이들 사이에도 여전히 일정한 규칙은 존재하고 있으며, 그 나름의 어순이 지켜지고 있다. 이러한 방식은 대개 수사학에서 흔히 볼 수 있는 것으로, 유사한 실례를 들어 다른 것을 지칭하는 은유(隐喻)와 개별적인 것에서 일반적인 것까지 전체적으로 파악하는 환유(换喻)의 방식 등이 있다. 중국인들은 이들 복합어는 모두 두 개의 서로 비슷한 사물을 병렬하여 하나의 통일된 의미를 나타낸 것을 중용(中庸)의 사고방식에서 왔다고 설명한다.

在上不骄，高而不危，制节謹度，满而不溢。
높은 자리에 있으되 거만하지 않으면 높아도 위태롭지 않고, 절제하고 삼가며 법도를 지키면 차도 넘치지 않는다. [33]

위의 예문에서는 비록 각 구절에 두 개의 동사 혹은 형용사가 상호 대등관계로 연결되어 있는 것 같지만, 어순에서 앞서 있는 것이 시간적으로 앞서 행해지는 언어의 일차원성 특징에 따라 순위가 배열되어 있음을 알 수 있다. 즉 먼저 사람이 높은 자리에 오르면(上) 교만해지고(骄), 또 높은 지위에 있으면(高) 언제나 끌어 내리려는 사람들이 많아짐으로 위태로워진다(危)는 것이다. 그리고 물이 가득차면(满) 넘치게 된다(溢)는 자연의 이치를 설명한 것

33 ≪孝经·诸侯章第三≫의 구절로 그 다음에는 '高而不危，所以长守贵也。满而不溢，所以长守富也。富贵不离其身，然后能保其社稷.'(높아도 위태롭지 않으면 귀중함을 오래 지킬 수 있다. 차도 넘치지 않으면 부유함을 오래 지킬 수 있다. 부귀가 자신을 떠나지 않은 후에야 사직을 보존할 수 있다)"의 설명이 부가되어 있다.

으로, 단일 방향으로는 자연스러운 순서가 되지만, 그 반대의 역순은 논리적으로도 성립하지 않는다. 즉 '上而不骄.' '高而不危', '满而不溢'를 구성하는 각 동사와 형용사는 비록 대등관계로 독립성을 가지지만, 내용의 전개에서 나타나는 두 형태소 사이에는 단순한 대등관계가 아닌 일정한 순서의 방향성을 지키고 있다.

또 다른 대등관계인 '상반대립 복합어'는 서로 반대 혹은 대립되는 의미를 지닌 두 개의 형태소가 병렬관계로 구성되어 있는데, 이들 형용사의 결합관계는 개념이 확정된 단어가 되면 상호 자연조건 속에서 대립(对立), 상보(相补), 치우침(偏斜)의 관계로 나타내게 된다. 예를 들어 '高矮(높고 낮음)'는 '높이'로써 '높다'의 범주로 치우치게 되고, '长短(길이)'은 '길이' 또한 '길다'의 범주에 속하게 된다. 또 '好坏(좋고 나쁨)'는 두 개의 성질이 대립되는 것처럼 보이지만, 전체 의미범주는 서로 보완하며 일치되어 조화를 이룬다. 이것은 중국인의 기본철학인 중용을 나타내며, 즉 '과유불급(过犹不及)'이라는 중국인의 사유관념은 사물, 관념을 표현할 때나 어떤 상황, 동작을 그려낼 때 모두 모순되는 양단을 고려하여 전체적인 균형에 대한 파악을 나타내고자 한다.

다시 형체의 측면에서도 '大小'는 '크기'로, '粗细'는 '굵기'로 한쪽으로 치우쳐 해석되고 있다. 이와 달리, 시간적인 면에서는 '早晚(아침과 저녁)'은 '결국에는'과 같이 통합적으로 해석되고, '迟早(늦고 빠름)'은 '조만간'으로 해석되며, 또 '始终(처음과 끝)'은 '줄곧'으로 해석된다. 또 성질적인 면에서는 '吉凶(길흉)', '缓急(완급)', '轻

重(경중)'처럼 두 개를 동시에 활용하여 상호 보완의 관계를 형성하고 있다. 중국인의 이러한 중용성은 그들의 내면적 사유방식을 구성했던 음양대립의 변증개념과도 연계되는데, 만약 우리가 '是(옳다)'라고 말을 했을 경우에는 반드시 '非(아니다)'가 대립되어 나타내게 되고, 또 '方(네모)'이라고 말할 때는 당연히 '圆(원형)'을 빼놓고 말할 수 없게 되는 것이다.

둘째, 중국어에서는 '편정(偏正)관계' 혹은 '편의(偏义)관계'는 한국어로 '수식관계'로 번역되는데, 구문구조에서 말하는 수식성분과 중심어의 관계인 관형어와 체언(주어나 목적어), 부사어와 용언(술어) 등의 관계와는 조금 다르다.[34] 다시 말해, 서로 동일하거나 반대되는 두 개의 형태소가 결합한 이후에 나타내는 의미는 대등관계를 형성하지 못하고 의미의 중심이 완전히 한쪽으로 치우쳐 나타나는 것을 말한다. 즉 하나가 실재(实)이면, 하나는 허상(虚)이고, 하나가 무거우(重)면 하나는 가벼운(轻) 역할을 하게 된다. 즉 복합어 한 쪽이 추구하는 것은 두 개의 서로 상반되는 사물 사이에서 전체적인 파악을 하고, 두 개의 형태소 중에서 한 쪽의 형태소가 전체의 상징적인 범위를 나타내게 된다. 예를 들어 복합어 '风雨'는 '雨'에 비중을 두고, '风'은 가벼이 한다.[35] 하지만 한국어에

34 두 개의 형태소가 각각 독립해서는 동의관계에 있거나 상반관계를 형성하지만, 결합과 동시에 한쪽의 형태소로 그 의미범주가 치우치게 된다. 따라서 중국어에서는 '편정관계' 혹은 '편의관계'라고 하지만, 여기에서는 '비대등관계'라고 번역하는 것이 옳을 것 같다.

35 "鼓之以雷霆, 润之以风雨(번개와 천둥으로 고동 시키고, 바람과 비로 적셔준

서는 '비바람이 분다'가 되어 '바람'에 중점을 두고 있음을 알 수 있다.

또 복합사 '得失'은 '得'에 비중을 두고, '失'은 가벼이 하게[36]되는데, 정작 따지는 것은 실(失)에 초점을 두고 있다는 것이다. 이것은 중국인들이 한자를 조자할 때에 앞의 형태소를 기준으로 뒤의 것을 대비한다는 것을 의미하는데, 사실 이러한 관점은 한국어의 사유방식과는 서로 반대로 나타나는 경향이 있다. 또 다른 예를 살펴보면, '缓急(완급)'을 조절하는 것은 중국인들은 缓(느림)으로 急(빠름)을 조절하지만, 한국인의 중점은 '急(급함)'에 있다. 이 외에도, 利害(이해)관계, 褒贬(포폄: 긍정과 부정) 好歹(호태: 좋은 것과 나쁜 것), 死活(사활: 죽음과 삶), 忘记(망기: 잊음과 기억함), 质量(질량) 등은 상반관계의 복합어처럼 보이나, 완전한 상반대립이 아닌 내부의 비중 차이에 의한 상대적 대립으로 볼 수 있다.

앞에서 언급한 것처럼 중국어에서 나타나는 수식관계로 구성된 복합어에서도 비록 의미상에는 경중(轻重)이 나타나지만, 경(轻)과 중(重)은 서로 없으면 안 되는 보완의 역할을 하고 있다는 것이다. 즉 한편으로는 형태소 상호간에 완전한 치우침이 있어 보이지만, 어느 하나가 없으면 다른 하나의 존재가 유명무실해지는 상호 보완적 관계를 구성하는 변증법적 사유관념을 엿볼 수 있

다)"(≪易经·系辞≫)

36 "此其势不可以多人, 多人不能无生得失(이는 그 상황에서 사람이 많을 수 없으며, 사람이 많으면 득실이 생겨나지 않을 수 없다.)"(≪史记·刺客列传≫)

다. 아래의 예문들은 비교적 잠재적이고 안정적임을 추구하는 중국인의 변증법적 사유심리와 중용의 철학 관념을 보여주는 대표적인 구절이다.

> 将欲取之, 必先予之
> 그것을 가지고자 한다면, 반드시 먼저 그것을 주어야 한다
>
> 欲速则不达
> 일을 서두르면 오히려 다다르지 못한다
>
> 文武之道, 一张一弛
> 문무의 이치는 어떤 때는 땅기고 어떤 때는 느슨하게 하는 것이다
>
> 以退为进, 以屈求伸
> 전진을 위해 물러나고, 앞을 향해 펴기 위해 몸을 움츠린다

이러한 상반대립의 수식구조가 사용되는 구절에서는 나쁜 것, 모자란 것, 못난 것, 악한 것 등 부정적인 것에 초점을 두고 말하는 경우에 많이 쓰인다. 예를 들면, '要明辨是非(시비를 분명히 가려야 한다.)'에서는 '是'가 아닌 '非'를 강조하고 있으며, 또 "每人都有自己的长短处, 所以要善于向别人学习(사람마다 자신의 장단점이 있기 때문에 다른 사람에게 배우기를 잘해야 한다.)"에서 강조하는 것은 장점(长处)이 아니라 단점(短处)이 된다. 즉 자기의 단점을 상대방의 장점에서 찾아야 하며, 자기의 장점은 상대방의 단점을 통해 자연스럽게 볼 수 있게 되는 것이다.

이러한 상반구조의 어순구조에서 나타나는 중국어의 문화현상

은 두 가지 서로 다른 각도에서 관찰할 수 있다. 즉 어순의 관계에서 보면, 긍정적이거나 풍부한 것이 앞에 오게 되고, 부정적이거나 모자라다고 생각하는 형태소가 뒤에 오게 된다. 하지만 의미표현의 측면에서 보면, 어순과는 반대로 앞에 위치한 좋고 긍정적이고 풍부한 것보다는 뒤에 오는 부정적이고 모자란 것에 표현의 의미초점이 주어지게 된다. 이러한 언어사유 또한 중국인들은 중용의 정신에서 찾고 있는데, 비록 부정과 모자람에 의미의 초점을 두고 있지만, 좋고 우위에 있는 사물이나 현상을 극단적 표현의 보조적 역할을 함으로써 완곡 표현의 효과를 드러내게 되는 것이다. 다시 말해, 어떤 사실을 표현하고자 할 때는 최대한 초연적인 자세로 포용력 있고 공평한 이미지와 기세를 유지할 수 있게 하는 것이 중국문화의 사유방식이다.

3) 어순의 우열성과 봉건적 윤리문화

앞 절에서 언급했던 어휘구조의 대등관계는 단순히 단어나 구문에서 두 의미간의 관계가 동등한 무게감을 가지고 있다는 전제하에서 어법관계를 설명하고 있다. 하지만 언어가 가지는 시간의 일차원성은 문장성분 간의 결합이 언제나 시간순서에 따라 서로 결합함으로써, 어순구조에 따른 '우선순위'가 존재하게 된다. 중국인들은 이러한 계급적 불평등관계를 통해 드러나는 문화현상을 봉건적 사유의 잔재라고 여겨, '봉건적 윤리문화'라고 표현한다. 그리고 이러한 어순의 전후배열에 대한 우열감은 지금도 나라 간의 회담이나 올림픽 등 각종 행사에서 어느 나라를 앞에 두고 또 뒤에 두느냐에 대해 상호간에 권위나 친밀도 등을 나타내는 주요한 표지로 작용하고 있다.

사실 현대인들은 이미 구성된 어휘를 중심으로 학습을 하고 어휘를 활용하기 때문에, 이러한 형태소의 전후관계를 통해 나타나는 우월감과 열등감을 느끼지 못하는 경우가 많다. 비록 현대사회는 신분이나 계급이 사라졌다고 하지만, 이들 어휘의 구성관계 속에는 여전히 고대의 신분제도나 계급사회에서 나타나는 신분관계의 제도적 장치가 숨어 있다. 다시 말해, 국가와 국사 사이에는 여전히 군사력과 경제력, 그리고 개인과 개인 사이의 자본력 등이 기존의 계급형태를 대체하고 있으며, 이러한 계급의식을 통한 어순의 전후관계는 우열관계나 친소관계를 나타내는 불평등의 문화형태를 드러내고 있는 것이다.

현대사회에서도 여전히 국가 간의 회담이나 올림픽, 월드컵 등의 세계적인 체육대회에서 입장순서나 보도의 측면에서 경쟁대상국에 비해 자기 나라의 표지를 앞에 놓으려는 경향이 있는데, 이것 또한 각 나라를 동시에 표시할 때 나타나는 다음절 어휘의 구성에서 어순의 선후순서를 통한 우월감을 표시하려는 것으로 파악할 수 있다. 예를 들면, 올림픽 경기의 개막식의 입장순서는 대개 알파벳 순서로 배열하게 되는데, 그래서 한국의 영문표기인

'KOREA'를 'COREA'로 바꾸자는 주장들이 나오기도 했다. 그런데 2008년에 열렸던 베이징 올림픽에서는 개막식의 입장 순서가 한자의 획순이 적은 나라부터 입장을 하게 하였는데, 한국의 '韩'은 획수가 12획이 되어 176번째로 입장을 하게 되었다. 그런데 사실 우리나라의 정식명칭인 '大韩民国'의 첫글자 '大'는 3획으로, 상당히 앞쪽에서 입장할 수 있었다. 하지만 이것을 주장하는 한국의 정부나 체육계의 주장이 없었다는 것은 우리의 언어에 대한 관심을 말해준다고 할 수 있다.[37]

각 나라의 사이에는 나타나는 친밀도 또한 어순을 통해 살펴볼 수 있는데, 각국 지도자 사이의 '○○정상회담'에서 자국은 무조건 앞에 놓게 된다. 당연히 한국은 '한미(韩美)정상회담'이나 '한중(韩中)정상회담', 또는 '한일(韩日)정상회담'과 같이 한국을 앞에 내세우게 된다. 반대로, 미국이나 중국, 일본은 또 자국을 앞세워 '미한(美韩)', 중한(中韩), 일한(日韩) 등으로 표현한다. 또 이러한 친밀도의 측면에서 보면, 우리가 당사자가 아닌 경우에는 우리와 친밀도가 어떠한가의 여부에서 결정되는데, 최근 우리의 신문이나 TV 등의 매체에서 북한과 미국의 정상회담을 전하면서 '북미

---

37 첫 글자가 12획인 대한민국(韩国)의 순서는 당초에 177번째로, 역시 첫 글자가 12획인 조선민주주의인민공화국(朝鲜)이 178번째로 결정되어 한국과 북한이 연달아 입장할 예정이었다. 그러나 북한측의 끈질긴 순서 변경 요구에서 조직위원회가 북한을 몬테네그로(黑山:12획) 다음에 배정함으로써 한국은 176번째, 북한은 180번째 입장을 하였다. 원래의 순서가 다른 것은 36번째로 입장할 예정이었던 브루나이(文莱)가 선수 등록을 하지 못하여 불참하여 최종적으로 대한민국은 176번째, 북한은 180번째로 입장하게 되었다.

(北美)정상회담'이라는 표제어를 사용하고 있음을 볼 수 있다. 하지만 대략 1980년대 이전에는 한자의 순서가 바뀐 '미북(美北)정상회담'이라는 표제어가 사용되었다. 이러한 어순의 변화는 우리의 북한에 대한 친밀도가 바뀌어 있음을 알 수 있는데, 1980년대 이전에는 북한이 우리의 주적(主敌)으로 간주되었으나, 햇볕정책 이후로 우리 정부의 북한에 대한 태도가 달라졌음을 이러한 어순구조의 변화에서도 알아볼 수 있다.

중국인들은 복합어를 구성하는 형태소[38]의 선후배열이 가지는 어순구조를 통해 중화민족의 봉건적 문화 사유와 연관시켜 설명하기도 한다. 중국은 상고시대(上古时代)에서부터 청대(清代)에 이르기까지 줄곧 왕권통치의 봉건사회를 유지하고 있었으며, 이러한 봉건통치의 문화현상은 중국인의 전통적인 문화 관념을 사회적 지위의 존비(尊卑)관념, 연령의 다소(多少)에 따른 장유(长幼)관념, 인간관계의 주종(主从)관념, 사물의 대소(大小), 미추(美丑:아름답고 추함), 선후(先后), 경중(轻重)의 대립으로 명확한 구분을 하도록 인식되었다.

그래서 중국어 복합어 중에서 서로 대등관계나 반대관계로 결합된 형태소의 선후배열 또한 이러한 고대중국의 계급문화를 지배하고 있던 봉건적 문화사유가 숨어 있게 되는 것이다. 중국은 고대(古代)에서 청대(清代)에 이르기까지 줄곧 왕권통치의 봉건사

38 형태소는 최소의 의미를 가진 언어 단위로, 의미상으로 더 이상 분석할 수 없는 최하위의 단위이다.

회를 유지하고 있었기 때문에, 한자의 개수와 수량이 안정화된 청대 이후에도 이러한 봉건통치의 계급구조의 관념이 중국인의 문화사유를 지배하고 있었던 것이다. 그리하여 정치적 권력이나 사회적 지위의 고하(高下)를 망라한 존비(尊卑)관념이 생겼으며, 연령의 다소(多少)에 따른 장유(长幼)관념, 사회경제적인 등급관계에서 비롯된 주종(主从)관념 등이 존재하였다. 또 객관적인 사물에 대한 인식에서도 사물의 대소(大小), 미추(美丑: 아름답고 추함), 선후(先后), 경중(轻重)에 대한 명확한 구분을 하도록 인식되었다.

또 고대 봉건사회의 전통적 유교관념에 입각하여 형성된 君君(군군), 臣臣(신신), 父父(부부), 子子(자자)의 봉건적 예교방식은 "故敬其父, 则子悦。敬其兄, 则弟悦。敬其君, 则臣悦。(고로 부모를 공경하면 자식이 즐겁고, 형을 공경하면 아우가 즐겁고, 군자를 공경하면 신하가 즐겁다)"[39]라고 하여 복합어 '父子(부자)', '兄弟(형제)', '君臣(군신)'의 어순구조를 고정화시켰다. 이러한 존비고하(尊卑高下)나 장유유서(长幼有序)의 윤리관은 중국어 병렬관계의 복합어 형성에서도 일정한 영향을 미치고 있으며, 비록 형태소의 어법관계가 비록 과거의 계급제도와 다른 면이 있지만, 여전히 현대인의 계급의식으로 반영되어 나타나고 있다. 대개 앞에 오는 형태소는 윗사람(上) 혹은 존칭(尊称)의 의미를 나타내며, 뒤에 오는 것이 아랫사람(下) 혹은 비천(卑贱)의 의미를 나타낸다. 특히 남성을 지칭하는 형태소가

39 《孝经·广要道章第二十》 참조.

여성보다 앞에 오는 것은 부계사회의 남성우월성의 문화현상을 나타내고 있다. 이러한 어순관계를 구성하는 어휘에는 君臣(군신), 臣民(신민), 官民(관민), 官吏(관리), 国家(국가), 男女(남녀), 老少(노소), 父母(부모), 祖孙(조손), 父子(부자), 母子(모자), 母女(모녀), 夫妇(부부), 子女(자녀), 兄弟(형제), 姉妹(자매), 妻妾(처첩), 尊卑(존비), 爱憎(애증) 등이 있는데, 거의 모든 어휘가 한국어에서도 사용되고 있는 한자어들이다.

대체적으로 인간의 사물에 대한 주관적 시간관념은 긍정적인 의미가 앞에 오고, 부정적인 뜻은 뒤쪽에 쓴다. 중요한 형태소가 앞에 나타나고, 부차적이거나 별로 중요하지 않은 것을 뒤에 나타낸다. 큰 것을 앞에 표시하고, 작은 것을 뒤에 표시하게 된다. 이러한 단어 합성의 원칙은 단어를 구성하는 형태소의 순서를 여전히 사물 상호간의 결합관계에도 존비관념이나 계급관념을 나타내는 중국어의 단어구성(造语)의 원칙을 형성하였다. 이러한 사물의 존비관념이나 계급관계를 반영한 합성어에는 胜败(승패), 胜负(승부), 兴亡(흥망), 文武(문무), 贵贱(귀천), 安危(안위), 日月(일월), 天地(천지), 高低(고저), 明暗(명암), 吉凶(길흉), 甘苦(감고), 岁月(세월), 前后(전후), 左右(좌우), 往来(왕래), 江河(강하), 山河(산하), 长短(장단), 大小(대소), 内外(내외), 上下(상하), 东西(동서), 南北(남북) 등이 있다.[40]

---

40 형태소는 최소의 의미를 가진 언어 단위로, 의미상으로 더 이상 분석할 수 없는 최하위의 단위로 정의된다. 다음은 본문에서 언급한 것 이외에, 일상적으로 쓰이는 어휘를 상위개념으로 범주화하여 나타낸 것이다.

여기에 언급된 어휘들 또한 한국어에서도 그대로 사용하는 것들이 대부분이어서, 한국인의 존비관념이나 계급문화의 특징 또한 중국의 문화와 큰 차이를 보이지는 않는다.

이러한 봉건적 윤리 관념은 최근에 출현한 새로운 단어, 즉 신조어의 어순구조 또한 이러한 관념의 틀을 벗어나지 못하고 있다. 예를 들어, 官兵(관병), 干警[41](간경), 教职工[42](교직공), 老中青[43](노중청), 左中右(좌중우), 党政军民[44](당정군민) 등이 있다. 물론 소수의 이음절어는 형태소 배열이 상반되는 독립된 단어로 구성되는데, 대표적인 예로는 阴阳(음양), 黑白(흑백), 缓急(완급), 贫富(빈부), 轻重(경중), 祸福(화복) 등이 있다.

---

41 干部와 警察

42 教员, 职员, 工人(노동자)

43 老年, 中年, 青年의 줄임말

44 共产党, 政府, 军队, 그리고 国民의 순서.

제2부 언어미신과 정신문화

전 세계의 민족 중에는 신령(心灵)의 전설과 무속(巫俗) 및 종교적 신앙, 민간미신, 금기풍속 등과 같은 다양한 터부현상이 전해오고 있는데, 이러한 터부현상은 그것에 대한 언어적 지칭(指称)을 통해 언어미신으로 발전하게 된다. 그리하여 언어미신 또한 이 세상의 모든 언어에 다양한 형태로 존재하고 있으며, 이러한 언어미신은 토템화된 동물이나 식물 등 자연물이나 사람, 민간풍속 등의 제도화된 다양한 사회현상을 통해 신령화된 이름으로 나타나게 된다. 이러한 언어화 과정을 거친 이후, 인간은 자연물 그 자체가 아닌 이름만으로도 신령스러운 힘을 발휘하게 된다. 이것은 사람과 신령간의 소통이나 신령의 의지가 언어를 통해 전달한다고 믿었기 때문이다. 이러한 신령을 지칭하는 이름에 대한 믿음은 무속과 결합한 '부적(符籍)' 등도 인간에게 화(祸)와 복(福)을 가져온다고 믿게하는 언어기호라고 할 수 있다.

그래서 어떤 사람은 이러한 정령(精灵)의 이름으로 만들어진 언어가 인간의 사상과 지혜를 창조했다고 믿었으며, 언어는 사람의 병을 치유하고 부유를 가져온다고 믿었다.[45] 사실 이러한 언어의

45 이름을 정령으로 삼아 굳은 믿음을 가지는 행위는 '언어배물교(语言拜物教)'

영적인 힘은 언어가 인간의 심리에 대한 암시와 유도 등의 작용을 하는데서 비롯되었으며, 이런 까닭에 심리학자들도 언어의 암시와 유도는 인간의 심리와 행위의 형성에 모종의 영향을 미친다고 여겼다. 그래서 언어가 가지는 영적임 힘의 작용은 신령과 같이 끝이 없고, 제어할 수 없는 것으로 여겨 길흉(吉凶)을 예측하고 병을 치료하고 재부(财富)를 창조한다고 믿었던 것이다.

1. 문자미신과 언어금기

원시 중국인들에게 나타난 숭배의 대상은 자연에 존재하는 인간에게 위협을 줄 정도로 힘을 가진 자연물이었으며, 중화민족의 신령관념과 신화전설의 출현에는 숭배의 대상이 되는 자연물에 '神(신)'자를 붙여 사용하였다. 첫째 전 세계의 모든 민족이 추앙하는 신으로는 하늘 및 우주 와 관련된 이름이 많은데, 대부분의 인간들은 하늘의 힘을 숭상하는 日神(일신: 태양신), 月神(월신: 달의 신), 星神(성신: 별의 신), 云神(운신: 구름의 신) 등의 '天体神(천체신)'을 최고로 삼았다. 그래서 중국어에는 모든 신들의 主神(주신)으로 추앙받는 '日神'을 나타내는 昊(하늘 호)、晔(빛날 엽)、旻(하늘 민) 등 하늘을 나타내는 한자가 많다. 두 번째는 자연의 힘을 주재하는 신

를 형성하게 된다.

(自然力神)으로, 바람의 신인 风神(풍신)은 '飞廉(비렴)'이라 불렀으며, 비를 주재하는 雨神(우신)은 '萍翳(평예)'라고 불렀다. 또 천둥을 치게 하는 우레의 신인 雷神(뢰신)은 '雷公(뇌공)'으로 불리었다. 세 번째는 자연 만물에 존재하고 있는 영물신(灵物神)으로, 산신(山神), 수신(树神:나무신), 호신(湖神:호수신), 화신(火神:불의 신), 토신(土神: 땅의 신), 정신(井神:우물신), 잠신(蚕神:누에신), 조신(鸟神:새의 신), 충신(虫神:벌레신), 수신(兽神:들짐승신) 등 인간들의 삶과 연관된 자연에는 다양한 신들이 존재하고 있다.

1) 문자점(文字占)과 한자미신(迷信)

중국인의 한자(汉字)에 대한 자긍심은 한 마디로 신앙(信仰)에 가까울 정도로 높아서 한자를 점술(占术)에 활용하기도 하고, 심지어 한자의 발명자에 대해서는 거의 신격화하여 표현하고 있다. 특히 중국인의 문자미신은 한자의 탄생 그 자체에 신령스러움을 부여하고 있으며, 한자를 창제했다고 전해지는 황제(黄帝)의 사관(史官) 창힐(仓颉)의 형상은 일반 사람과는 차이를 보인다. 동한(东汉)사람 '허신'은 그의 ≪설문해자(说文解字)≫에서 창힐의 모습을 긴 얼굴에 네 개의 눈, 큰 입을 가진 용(龙)과 비슷한 형상으로 묘사하고 있다. 또 새와 야수의 발자국에 나타난 무늬를 따라 사물의 자취를 구분하는 표지나, 사물을 대표하는 부호(符号)로서 한자를 만들었다고 하는 서술에서도 과장된 표현이 엿보인다. 뿐만 아니라, 창힐이 한자를 발명하자 '하늘이 놀라서 곡식알맹이를 비처럼 뿌렸으며, 귀신들도 놀라 한밤에 흐느껴 울었다'는 이야기는 한자의 발명이 신과 인간의 관계를 끊는 계기가 된다는 신화적인 표현이라 아니할 수 없다.

이처럼 고대 중국인들이 한자의 탄생을 신과 상호 연결시킨 '仓颉造字, 夜有鬼哭(창힐이 문자를 만들자, 밤에 귀신이 울었다.)'라는 구절은 한자를 단순히 인간의 생활 수단으로 파악하기보다는, 마치 신비와 존엄을 띤 숭배대상으로 귀결시키는데 중요한 역할을 하게 되었다. 그리하여 중국인들은 심지어 한자가 기록되었던 종이까지도 함부로 버리지 않고 전용화로를 만들어 태울 정도로(敬惜字纸) 미신에 집착하듯 한자를 신성시하였으며, 만약 한자가 기록되었던 종이를 폐지처럼 아무렇게나 버리는 것은 천지신명을 모독함으로써 반드시 재앙을 초래한다고까지 생각하였다.[46] 이처럼 전설 속의 인물이나 성인을 내세워 문자의 창제자로 내세운 것은 당시에 글자를 알 수 있었던 소수의 특권계층들이 그들만의 특권의식을 강조하기 위해서 하층민들에게 문자의 신비성을 유발한 것으로 보인다.

또 다른 각도에 바라 본 중국인의 문자미신은 문자점(文字占)에서 찾아볼 수 있는데, 당시에 한자를 가지고 길흉화복(吉凶禍福)을

46 노보원≪중국문화에 담긴 중국어 이야기≫(다락원) p47.

점치는 것은 중국인들에게는 하나의 생활 습관이었다고 할 수 있다. 가장 대표적인 생활 습관 속의 문자점은 중국인들이 그 해의 복을 기원하며 정월 초하루(春节)에 대문이나 마루에 붙이는 '福'자이다. 대개 '福'자를 거꾸로 붙이게 되는데, 이것은 '福'이 하늘에서 떨어진다(倒福)는 중국인들의 관념을 해음(谐音)과 문자가 결합한 독특한 방식으로 표현한 것이라고 할 수 있다. 즉 '거꾸로'를 의미하는 글자인 '倒(dao)'와 '도달하다'를 의미하는 '到(dao)'가 동일한 음을 가지고 있다는 점을 착안하여 '복이 온다(到福)'라는 의미를 표현하고 있는 것이다.

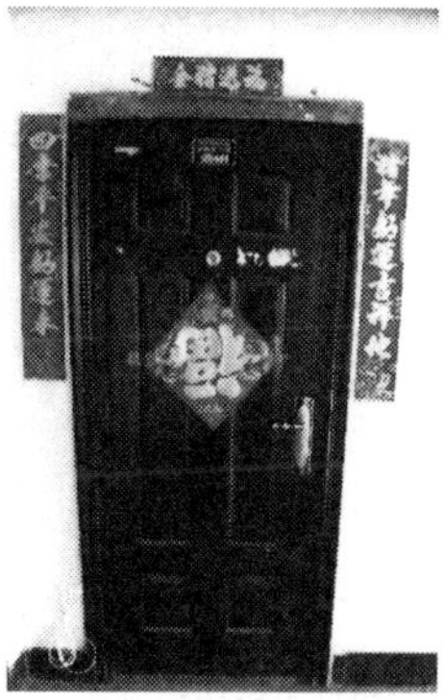

또 한자의 획을 분리하여 해석하는 문자점의 예로[47] 동한(东汉) 말년에 동탁(董卓)의 폭정을 비판한 민요가 많이 거론된다. 봉건 시대에 오늘날의 직접적인 시위나 데모를 할 수 없으며, 또 백성들은 왕이었던 동탁의 이름을 직접 칭하지 못하여 이름을 이루는 한자를 분해한 문자풀이의 형태로 민요를 만들어 부르게 된 것이다.

千里草，何青青，十日卜，不得生。
천리에 자란 풀 얼마나 푸를까! 점을 치니 열흘을 못 산다네

47 아래의 두 예는 노보원≪중국문화에 담긴 중국어 이야기≫(다락원) p48에서 인용.

위의 민요가사에서 '千里草'는 '董'을 의미하며, '十日卜'은 '卓'을 의미하여, 바로 '동탁'을 가리키고 있음을 나타낸다. 본래 문자점은 점술가가 점을 치러 온 사람에게 먼저 자기가 쓰고 싶은 한자 한 자를 쓰게 하고는 그 한자의 자형을 풀어서 해석함으로써, 점을 치러 온 사람의 운명이나 미래가 어떻게 될 것인지를 예언하게 된다. 예를 들어, 점을 치러 온 사람이 '火'자를 쓰자, 점술가는 '사람이 다리를 벌리고 있는 모습'으로 해석하여 "집(宀)에 있으면(灾) 재앙이 있을 것이니 외출을 하라"고 지시를 내린다.

사실 이러한 설명은 점술가가 한자를 구성하는 각 획을 풀어서 그림으로 형상화하거나 또 다른 글자를 조합하는 방식 등 그때그때의 자의적인 해석이 진행되고 있음을 짐작할 수 있다. 다시 말해, '火'는 중간의 외곽에 두 점이 있기 때문에, 오히려 '사람이 팔을 벌린 형상'으로 그려볼 수도 있는데, 점술가는 '火'를 다리를 벌린 형상으로 해석을 했으며, '宀(집)'과 결합시켜 '灾'를 만든 것도 너무나 자의적임을 알 수 있다. 또 다른 글자에 대한 해석을 보면,

串 - 中 자가 둘 있으니, 이중 급제할 운이다.

위의 문자점은 '中'자의 또 다른 의미 '적중하다(zhòng)'를 활용하여 '꿰뚫다'의 의미를 가진 '串(천)'자를 비교하여 설명한 것이다. 이 또한 자의적이라 할 수 있으며, 우리나라에서는 조선을 건국

한 이성계가 지게에 가로로 나무를 지고 갔다는 꿈의 해석(王)도 이러한 문자점의 관점에서 살펴볼 수 있다.

비록 문자점으로 사람의 운명을 예언하는 것은 미신이라고 할 수 있지만, 중국인들에게는 강한 '문자숭배'의 의식이 하나의 문화심리를 형성한 것으로 파악할 수 있다. 뿐만 아니라, 이러한 문자점과 문자숭배 사상은 현대과학이 발달한 오늘날에도 여전히 중국의 문화현상의 일면으로 자리 잡고 있다. 그들에게 문자는 사람과 사람뿐만 아니라, 그들이 경외(敬畏:존경과 두려움)의 대상으로 여겼던 하늘과 자연의 신들을 연결시키는 중요한 역할을 하고 있기 때문이다. 뿐만 아니라, 비록 인간이 언어로써 신들의 이름을 부여하였지만, 반대로 언어가 가진 신의 권능에 다시 지배를 받게 된 것이다. 즉 인간들은 먼저 신에게 적합한 이름을 부여하고, 그 이름에게 숭배와 찬양의 의식을 통해 다시 신령스러운 힘을 실어주었던 것이다. 신의 명칭으로 사용되는 어휘는 원시인이나 신앙심이 충만한 종교인들에게는 너무나 신성한 것이며, 오로지 신(神)만이 가질 수 있는 존경과 두려움을 심어주게 되는 것이다. 예를 들면, 기독교인에게는 '上帝(하나님)'이나 예수가, 불교도들에게는 '阿弥陀佛(아미타불)'이나 '观世音菩萨(관세음보살)' 등은 모두 신성하고 침범할 수 없는 것이며, 신의 이름을 부르면 신이 옆에 오거나 혹은 위로와 도움을 준다고 믿었다.

중국인들이 언어에 이와 같은 신령성을 부여한 것은 신이 인간의 말을 할 줄 안다는 것에서 비롯되었는데, 인간들이 언어로 기도를 하면, 다시 신의 계시(启示)가 언어를 통해 전달된다고 믿었다. 이러한 신의 계시는 신과 인간의 사이를 연결하는 무(巫), 무사(巫师), 제사(祭司) 등과 같은 신의 대리인을 통해 전달되면서 무속(巫俗)신앙으로 발전하였는데, 이들이 신의 언어를 이해하여 전달하는 법술이나 염불(念佛) 등에도 영적인 힘이 실려 있다고 믿었기 때문이다.

사실 대부분 사람들은 본인들이 행하는 기도나 향불을 피우는 행위는 직접 신령과 대화를 하지 못하지만, 오히려 기도 속에 담겨있는 언어의 영적인 힘이 신령에게 전달된다고 믿었던 것이다. 그리하여 그들이 한 기도에 대해서 신이 감응하거나 대답을 한다고 믿어 '签诗(첨시)'[48]를 지어 바치기도 하였다.

永坠沉沦无出期,	慈力恩沾利有情,
只因前世不修持。	今朝万福自来迎。
幸有目莲亲誓远,	前程广大应绵远,
救出阿娘早脱离。	寿如山固保康宁。

이러한 '签诗(첨시)'의 구성 또한 중국의 민간생활에서 보이는 대련(对联)[49]의 형태를 취하고 있는데, 사실 대련 또한 판(板)이나

48 签辞(첨사)' 혹은 '签语(첨어)'라고도 하며, 제비뽑기용의 기호나 문자를 써넣은 대오리, 나뭇조각, 종이쪽지 등을 말한다.

49 대련(对联)은 판(板)이나 종이 등에 대구(對句)의 글을 써서 대문이나 기둥

종이 등에 대구(对句)의 글을 써서 대문이나 기둥의 양쪽에 부착하거나 걸어 놓은 것 자체가 이러한 신앙심에서 나온 것이기 때문이다. 대련의 대부분은 기둥의 양쪽에 붙이거나 걸게 되는데, '주련(柱联)', '영련(楹联)', '영첩(楹帖)', '대자(对字)'라고도 부른다. 그 중 영련은 중국 오대(五代)때에 후촉(後蜀)의 학사였던 맹창(盟昶)이 신인손(辛寅逊)에게 명하여 挑符版(도부판)에 '新年纳余庆, 嘉节号长春(신년납여경, 가절호장춘)'의 대구를 쓰게 하여 침실 문 위에 써 붙인 것이 시초라고 한다. 송대(宋代)에는 기둥 위에 붙이는 것이 널리 퍼져서 경사(庆事)나 조상(弔喪) 때에, 그것에 관련된 내용을 써서 붙이는 것이 널리 행해지고, 명(明), 청(清) 이후에는 일반화되었다고 전한다.

또 대련은 걸어 놓은 위치에 따라 구분하여 부르기도 하는데, 문짝에 걸어 놓는 것을 '门联(문련)' 또는 '門心(문심)', 문기둥 좌우

의 양쪽에 부착하거나 걸어 놓은 것으로, 서로 짝을 이루는 3개의 구절로서 '대(对)', '연(联)', '대구(对句)', '대자(对子)'라고도 불린다. 오대(五代)의 맹창(孟昶)에서 비롯된다고 한다. 문학에서는 앞 구절의 마지막 글자의 성조(声调)는 반드시 측성(仄声)으로 쓰고, 뒤 구절의 마지막 글자는 평성(平声)으로 써야 한다고 규정하고 있다. 보통 5언구 ·7언구가 많으나 4자구 ·6자구 ·기타도 있으며, 구수(句數)도 정해져 있지 않다. 자작시와 유명시인의 시구도 있고, 때와 장소에 따라 다양한 대구가 쓰이기도 있다. 처음에는 지식인이 주로 시작으로 애용한 것이었으나, 민간에도 퍼져 벽에 거는 족자로 애용되는 외에 근대 이후에는 정치운동의 슬로건으로 쓰기에 이르렀다. 대련은 그 위치나 내용의 성격에 따라 문짝에 붙이는 문련(门联), 집의 기둥에 붙이는 영련(楹联), 장수를 축하하는 수련(寿联), 조문에 쓰이는 만련(輓联), 신년축하에 쓰이는 춘련(春联), 결혼 등의 행사에 쓰이는 희련(喜联) 등의 서로 다른 이름으로 불리기도 한다.

에 거는 것을 '框对(광대)', 새해에 쓰는 것을 '春联(춘련)'이라고 한다. 특히 春节(춘절:설)에 대문이나 마루 기둥에 붙이는 '春联(桃符)'은 글귀 자체에는 언어미신과 관련된 성분이 없으며, 새봄을 맞이하고 내년의 万事如意(만사여의: 모든 일이 뜻대로 이루어지길)를 기대하는 마음을 표현하고 있다. 다만 '春联'을 붙이는 행위나 마음속에서 사람들의 '길상여의(吉祥如意:길함과 상스러움이 뜻과 같음)'의 심리와 내년의 '大吉大利(대길대리: 크게 길함)'를 기대하는 마음 그 자체는 언어미신에서 비롯된 것이라 할 수 있다.

또 식당이나 사업장에 많이 볼 수 있는 '金玉满堂(금옥만당)', '发财万金(발재만금)', '人寿年丰(인수년풍)', '发福生财地, 堆金积玉门(발복생재지, 투금적옥문)' 등의 내용을 문간에 붙이거나, 사람이 들어오면서 보이도록 붙여 놓는 것도 '대련'과 동일한 형태의 언어미신이라고 할 수 있다. 또 민남(闽南)방언 지역에서는 쌀통(米缸)이나 밥통(饭桶), 곡식창고 등에 '春'자를 붙이는데, 이것은 민남방언에서는 '春(tshun)'의 발음이 '剩(有余)'자의 음과 동일하게 들려 '양식이 모자람 없이 여유로운 생활'이 되길 바란다는 의미를 담고 있다.

2) 피휘(避讳)와 터부(taboo)심리

중국인들이 그들의 기본 신념을 중용(中庸)과 화해(和谐)의 정신으로 생각하며, 이러한 정신에 어긋나는 행위에 대해 직접적으로 표현하기에 불편한 단어들을 금기(禁忌) 혹은 기피(忌避)하는 언어행위를 '避讳(피휘)'라고 한다. 사실 '避讳(피휘)'가 발생하게 된 근원은 사회생활 속에 나타난 터부(taboo)라고 할 수 있는데, 오히려 '제왕휘(帝皇讳)'가 나타나면서 권력을 기반으로 가장 강압적인 금기어가 형성되었다. 본래 '避讳(피휘)'현상은 우선 인류가 피해갈 수 없는 죽음이나 질병 등의 두려움에서부터 소변, 대변 등의 표현하기 껄끄러운 생리현상이나 남녀관계 등에 대한 완곡 표현에서 비롯되었다고 볼 수 있는데, 이후 봉건적 군주사회에서는 권력의 상징으로 나타나면서 황제나 군주의 이름을 직접 부르지 못하거나, 심지어는 신하나 백성들의 이름에는 황제의 이름과 동일한 글자까지도 사용하지 못하게 하였던 것이다.

① 제황휘(帝皇讳)와 봉건문화

'避讳(피휘)'현상 중에서 일반 백성들의 사회생활에 가장 많은 영향을 준 '제왕휘(帝皇讳)'는 새로운 황제의 등극과 동시에 황제의 이름자를 피해서 바꿔야 한다는 것이다. 신하나 백성들은 본래 자신이 사용하고 있던 이름까지도 황제의 이름과 동일한 글자를 사용하는 경우에는 대개 의미가 유사하지만 음(音)이 다른 글자로 바꾸어서 사용해야 했다. 이러한 현상은 이후 봉건사회 전반으로 확대되어 조상이나 웃어른의 이름까지도 직접 부르지 못하게 하였는데, 대체한 대상에 따라 '장자휘(长子讳)', '친자휘(亲子讳)' 등의 용어들이 생겨나게 되었다.

이러한 왕권이나 사회적 권력을 회피하는 관습은 진한(秦汉)시대에 이르러서는 사회규범처럼 여겨졌으며, 이후에 이어진 역대 왕조에서도 지속적으로 계승되면서 지금까지도 여전히 피휘의 풍속이 남아있다. 즉 자손이 조상의 이름을 직접 부르는 것은 큰 불경으로 여겼으며, 그래서 다른 단어를 대체하여 조상에 대한 경의를 표현하였다. 다시 말해, 할아버지, 할머니, 아버지, 어머니 등의 호칭이나 친족 간의 다양한 호칭 또한 단순히 중용사상의 영향뿐만 아니라 봉건제도에서 유행했던 종법(宗法)의 산물까지도 받아들여 계승하였다.

이러한 避讳(피휘)의 방법으로는 '비교적 흔한 이름으로 바꾸어 사용하는 것(改写)', '글자를 비우거나(空子)' 혹은 '글자 특정 자소(字素)를 제거하는 것(缺笔)' 등이 있다. 먼저 '改写'는 성명을 고쳐 쓰는 것과 관직명을 고치는 것, 지명과 물건이름 등을 고쳐 쓰는 것을 포함하는데, 예를 들면, 수(隋)나라에는 관직명이었던 '中书(중서)'와 '侍中(시중)'이 内史(내사)'와 '纳言(납언)'으로 바뀌었는데, 이것은 수문제(양견) 부친의 이름이 양충(杨忠)이었던 까닭에 '忠(zhong)'[50]자를 피

50 한국어로는 '충(忠)'자와 '중(中)'자가 다른 발음이지만, 중국어에서는 모두 'zhong'로 발음되어 동일 발음임.

하기 위한 대표적인 避讳(피휘)현상으로 소개되고 있다.

한국에서도 중국의 황제에 대한 피휘의 흔적을 볼 수 있는데, 신라 문무왕릉비와 숭복사 비문에는 육십갑자(六十甲子)의 병진(丙辰)과 병오(丙午)가 각각 경진(景辰)과 경오(景午)로 쓰여 있는데, 이는 당나라 고조(高祖) 이연의 부친인 李昞의 '병(昞)'자를 피휘하기 위해서라고 한다. 또 ≪삼국사기≫에서 김부식은 ≪구당서≫와 ≪신당서≫ 등의 중국 문헌을 활용하면서 당나라 고조 이연(李淵)의 휘를 피하여 고구려의 장수 연개소문(渊盖苏文)의 성을 천(泉)으로 고쳐 쓴 것을 알지 못하고, '연개소문으로 고쳐쓰지 않고 '천개소문'이라고 그대로 표기하였다고 한다.

또 다른 성명의 피휘 방법은 '空字避讳(공자피휘)'로, 성명을 구성하는 글자 중에 피휘를 해야 하는 글자를 비워놓고 쓰지 않는 것이다. 예를 들어, 수당 혼란기의 주요 인물인 왕세충(王世忠)은 당 태종 이세민(李世民)과 같은 '世'자를 피휘하기 위해 본인 이름의 가운데 글자를 비워둔 '王○忠'으로 사용하였는데, 이후 사람들은 책에 왕세충(王世忠)의 이름을 적으면서 '王'과 '忠' 두 글자를 이어서 쓰는 바람에 '王忠'이 되었다고 전한다.

세 번째의 명휘(名讳)의 방법은 한자를 쓸 때 획수 하나를 생략하는 방법인데, 대표적인 사례가 '성인(圣人)'으로 추앙된 공자의 이름인 '丘(구)'자를 피휘했는데, 곧 '丘'자에 획수를 생략하여 '𠀉'자로 표현하였다. 현재 우리나라의 광역시 중의 하나인 대구시 또한 본래 '大丘'였으나, 조선시대에 공자의 이름인 '丘'를 피하기 위해 '大邱'로 바뀌었다고 한다. 또 이러한 현상은 자전에도 나타나는데, ≪강희자전≫에는 '烨(엽)'의 번체자 '燁'자의 마지막 획을 줄인 것이 있다. 또 한나라 장제(章帝)시대에 엮어진 중국 최초의 한자 해독서라고 할 수 있는 ≪설문해자(중국 최초의 자형과 의미를 분석한 자전)≫에는 '炟(달)'자에 '上讳(첫번째 글자를 피휘)'라 하여 피휘를 하였는데, 이것은 한나라 장제의 이름인 유달(刘炟)이었기 때문이었다고 한다. 또 특이할만한 사항은 한자연구의 대표저작인 허신(许慎)의 ≪설문해자≫에는 '刘(유)'자가 보이지 않는데, 이것은 허신이 당시 황족의 성인 '刘'를 감히 설명할 수 없어 쓰지 않았다고 전한다.

이외에, 지명을 바꾼 경우를 보면, 천진시(天津市) 하북구(河北区)에는 '元纬路(원위로)'는 본래 '玄纬路(현위로)'였는데, 청나라 강희제의 이름이 玄烨(현엽)이였기 때문에 '元纬路'로 이름을 바꾸었다고 한다. 즉 강희제의 이름자와 중복되는 '玄'을 '元'자로 바꾸어 '避讳'를 하였던 것이다.

② 금기의 완곡어와 호칭문화

중국인의 사회현상에서 나타나는 언어의 금기현상은 일상생활 속에서 인간들이 가장 두려워하는 질병이나 죽음, 그리고 대소변 등의 생리현상이나 남녀의 성기표현, 남녀관계 등 쉽게 말하기 힘든 어휘들을 직접적으로 부르지 않는다는 점이다. 즉 환자는 자신의 질병을 직접 지칭하는 것을 꺼리게 되는데, 그리하여 '身体不

舒服(몸이 불편하다), 身体不太好(몸이 좋지 않다)', '身体有些不适(몸이 좀 적응이 안 된다)', '身体欠安(몸이 편안함이 부족하다)' 등 간접적으로 완곡한 표현으로 대체하여 사용하게 되었다. 또 고대에는 '恙(양: 걱정하다)'이라는 한 마디로 표현하기도 하였다고 한다.

이러한 완곡표현은 지금도 다양한 환경에서 볼 수 있다. 예를 들어, 화장실에서의 생리활동을 '屎(똥)'이나 '尿(오줌)이라고 표현하지 않고, '大便(대변)', '小便(소변)' 혹은 '方便一下(편리 좀 봅시다), 解手(손을 해방하다), 去洗手间(화장실 갔다가 올게요)' 등으로 표현하는 것이 대표적이라 할 수 있다. 고대에는 '更衣(갱의: 옷을 바꿔입다)'나 '宽衣(관의: 옷을 느슨하게 하다)' 등으로 표현하였다고 한다. 또 다른 완곡표현으로는 지금도 살이 찐 사람에게 '胖(뚱뚱하다)'란 표현을 꺼려하듯이, 중국어에서도 '发福(중년층에게 '신수가 훤하십니다'라는 뜻)'나 '衣瘦了(옷이 작아졌네요)'라고 하여 직접적인 표현을 꺼려했다고 한다.

또 중국인의 생활 속에서 사용되는 완곡 표현을 보면, 중국의 북경지역의 사람들은 '鸡蛋(계단: 달걀)'이나 '鸭蛋(압단: 오리알)' 등에 보이는 '蛋(dan: 알)'을 말하기 꺼려한다고 하는데, 이것은 사실 한국어의 '알'로 이해되는 '蛋'이 정작 우리말에서도 흔히 볼 수 있는 '○○새끼'로 사용되는 경우가 많기 때문이다. 그래서 '鸡蛋(달걀)'을 '鸡子儿'이나 '白果(백과: 흰 과일)'라고 말하고, '蛋'자가 들어가는 요리명에도 '炒蛋(초단)'을 '炒黄菜(초황채)'로, 계란탕을 '甩果汤(솔과탕)'혹은 '木樨汤(목숙탕)'이라고 한다.

이상에서 본 의미와 연관된 어휘의 기피 이외에도 앞 절에서 보았던 해음을 통한 금기도 보이는데, 도박하는 사람들은 '돈을 잃는 것(输:패하다)'이 두려워 '输(shu)'와 동음인 '书(shu:책)'을 말하는 것까지 꺼려하였다고 한다. 또 다양한 재주꾼들이 모여 있는 극단에서는 서로 '흩어지는(散)'것이 두려워 동음을 가진 '伞(san:우산)'을 말하기 꺼려하여, '雨伞(우산)'을 '雨遮(우차: 비막이, 갑바)'로 말하였다. 또 사람들은 나이가 들어 귀가 잘 들리지 않아 상대방의 말을 알아듣지 못하거나 이해하지 못하는 경우에 '耳聋'(이롱: 귀가 먹다)이라고 직접적으로 표현을 하지 않고, '耳背'(이배: 귀가 어둡다)라든가 '耳朵不太好'(귀가 조금 좋지 않다)나, '耳朵不灵'(귀가 영민하지 않다) 등으로 표현하였다.

이러한 현상은 봉건시대의 사회현상만이 아니라, 현대사회에 나타난 신조어에도 많이 보인다는 점이다. 예를 들어, 범죄청소년을 '失足青年(실족청년)'이라 부르고, '실업'을 '待业(대업:취직을 기다리다)'로 말하고, 물가가 오르는 것을 '调价(값을 조정하는 것)'라고 부르는 등 사회적인 완곡어가 계속해서 나타난다는 점이다.

중국어에서 나타나는 첫 번째 완곡 표현은 호칭 문제에서 나타나는데, 특히 중국의 방언지역에서는 부모나 친족의 호칭에서도 직접적인 호칭 대신에 기피성 호칭을 사용하는 곳이 많다고 한다. 대개 이러한 직접 호칭의 기피현상은 '爸爸'(아버지)를 직접 부르지 않고 '阿叔'(삼촌)이나 '阿哥'(형)나 '阿兄'(형)으로 부르거나, '妈妈'(어머니)' 또한 '阿婶'(숙모)나 '阿嫂'(형수)라고 부른다고 한다.

둘째, 문체에 관한 구별로 한국어에서도 존칭개념으로 구어체와 문어체의 구별이 있듯이, 중국어에도 아빠(爸爸)와 '부친(父亲)', 엄마(妈妈)와 '모친(母亲)' 등과 같은 구어체와 문어체의 구별이 있다. 이러한 호칭의 문제는 앞에서 언급했던 존비관념이나 계급관념과도 밀접하게 연결되는데, 청자 혹은 상대방을 직접적으로 부르느냐 아니면 간접적으로 부르느냐에 따른 '지칭(指称)'문제에서 비롯된다.[51] 예를 들면, 북방방언 중의 북경어에서 며느리가 시어머니를 직접 부를 때 쓰는 '妈(ma)'는 직접호칭이고, '婆婆(popo)'는 간접호칭이다. 셋째는 화자가 대상의 지칭하는 각도에 따라 스스로를 칭하는 자칭(自称)과 제3자를 칭하는 타칭(他称)으로 구별하는데, 특히 황제가 스스로를 칭하는 자칭은 매우 복잡하며, 시대별로 약간의 차이를 보인다. 넷째는 수사적인 각도에서는 '존칭(尊称)'과 '비칭(卑称)'으로 구별하고 있는데, 현대중국어에서 남아 있는 존칭의 흔적은 상대방의 이름을 묻는 경우에 활용되는 '您贵姓?'만이 남아 있다. 다섯째는 언어의 문화심리에서 비롯된 일반적 호칭과 기피성(忌避性) 호칭이 있는데, 기피성 호칭은 대개 사회제도와 생활풍속에서 비롯된 민간의 터부(taboo)현상과 깊은 관계가 있다.

---

51 중국어에는 지칭문제가 상당히 복잡한데, 직접호칭을 '면칭(面称), 직칭(直称), 대칭(对称)'으로 나누고, 간접호칭은 '서칭(叙称), 배칭(背称), 방칭(旁称)'으로 구분하기도 한다.

2. 숫자어휘와 예측사유

중국에서 숫자는 대략 5000년 전 원시사회의 앙소(仰韶)문화 유적에 새겨진 석각(石刻)부호를 시작으로, 은대(殷代)의 갑골문(甲骨文)에서 이미 1부터 10까지 숫자가 완비된 십진법(十进法)이 등장하였고, 심지어 百(백), 千(천), 万(만) 등의 숫자들도 생겨났다고 전한다. 그런 의미에서, 영국의 역사가인 Joseph Needham는 ≪中国科学技术史≫에서 "중국 상나라 시대의 숫자체계는 동시대의 바빌론이나 인도, 이집트에 비해 더욱 선진적이고, 더욱 과학적이다."라고 하여 상나라의 기수법(记数法)에 대한 높은 평가를 하고 있다.

원시수렵시대에 나타난 숫자의 기본기능은 계산을 하거나 혹은 사물의 수량관계를 표시하는데 사용되었으나, 언어에 대한 영물 숭배가 나타나면서 숫자에까지 신비적 색채가 스며들기 시작하였다. 이때부터, 중국인들은 숫자가 사람들에게 행복과 재산을 가져다주거나 재난과 불행을 가져다준다고 여기게 되면서, 그들은 숫자의 계산방식에도 미래 예측의 길흉(吉凶)을 점치는 영성(灵性)을 부여하게 되었다. 그리하여, 당시 철학사상의 일부였던 '음양설(阴阳说)'의 이분법적 변증사상에 숫자를 대입하면서, 10이하의 숫자에 짝수와 홀수를 음양(阴阳)의 대수(对数)로 구분하였다. 즉 홀수인 1, 3, 5, 7, 9는 양(阳)의 숫자가 되었고, 양에는 하늘, 강함, 남편이라는 상징의미를 부여하였다. 반대로, 음(阴)의 숫자였던 짝수 2, 4, 6, 8, 10은 양의 상징의미와 대립되는 땅, 부드러움, 아내의 상징의미가 부여되었다.

1) 통합과 분리의 숫자 一과 二

중화민족은 모든 숫자에 자기들의 의지를 심었는데, 먼저 모든 수의 시작인 '一'을 만물의 시작이자, 만사의 근원으로 보았다. 老子(노자)는 "道는 하나를 낳고, 하나는 둘을 낳고, 둘은 셋을 낳고, 셋은 만물을 낳는다.)"[52]라고 말했으며, 朱熹(주희) 또한 "一分为二, 二分为四, 四分为八(하나가 분열하여 둘로 되고, 둘이 분열하여 넷이 되고, 넷이 분열되어 여덟이 된다.)"라고 하여 '一'의 원리를 설명하고 있다. 하지만 만약 이 원리를 반대로 살펴보면, 숫자 '一'은 단순히 개별의 단수만을 가리키는 것이 아니라, 분화된 '二'가 다시 결합하여 하나를 이루는 '통합(统合)'의 의미를 동시에 가지고 있다. 이렇듯 '분합(分合)'의 관점에서 바라보는 '一'과 '二'의 대비는 또 하나의 중국이자 다민족의 결합국가라는 의미를 가지고 있다고 볼 수 있다.

특히 만물을 음양의 대립관계로 파악하는 중국민족은 또 짝수를 운수대통의 숫자로 여겼는데, 짝수 중에서 '二'는 짝수의 첫 수

---

52 ≪老子≫ 제42장는 "道生一, 一生二, 二生三, 三生万物。이라 기록되어 있다.

이면서 모든 짝수를 만드는 근원으로 파악하였다. 특히 '二'는 중국의 원시종교나 도교에서 숭배하는 숫자였는데, 이른바 우주 천지 만물의 근원인 '태극(太极)'은 음양(阴阳)으로 나뉘고, "음양(阴阳)이 화합하여 만물을 낳는다"는[53] 도교사상의 근원이 되었다. 즉 우주만물의 생성과 변화를 상징하는 太极(태극)의 도상과 '合二而一'(둘이 합하여 하나가 됨)의 변증법적 철학사상은 여기에서 나왔으며, 이러한 이원론적 사상 관념은 일반 백성들의 생활에도 반영되어 늘 대우(对偶)와 대칭(对称)을 중시하고 사물이 짝을 이루는 것을 좋아하게 되었다.

숫자 '二'의 긍정의미는 동일 의미의 '两', '双(쌍)'과 더불어 모두 대칭과 균형의 미를 표현하는 것에서 나타나는데, 문학예술 방면에서는 시사(诗词) 또는 대련(对联)에서 대구(对句), 대칭(对称)을 강조하였고, 건축 예술에서의 도성(都城)의 배치(예를 들면 북경 도시와 故宫 구조)나 민간 공예(도자기, 자수, 납염, 전지, 세화, 조소)등에서 모두 대칭과 균형의 미를 중시하였다. 이러한 대칭의 미를 추구하는 문화심리와 심미적 정서는 '双双见喜(쌍쌍견희)', '双喜临门(쌍희임문)' (겹경사가 나다) 등 성어의 표현이나 小, 火, 水, 赤, 辩, 喆, 囍, 喜 등과 같은 한자의 구성에서도 대칭구조를 추구하였다.

하지만 '二'자로 구성된 단어 또한 부정의미를 지니고 있는데,

53 ≪역경(易经)·系辞≫에서는 "易有太极, 是生两仪, 两仪生四象, 四象生八卦。역(易)은 태극이 있고, 태극은 양의(两仪)를 낳고, 양의(两仪)는 사상(四象)을 낳고, 사상(四象)은 팔괘(八卦)를 생성한다." 라고 말하고 있다.

대개 첫 번째가 되지 못하는 늘 이인자가 되거나 실수나 나쁜 행위를 두 번 이상 하는 것 등에서 찾아볼 수 있다. 예를 들면, '二把刀'(엉터리), '二赖子'(건달, 깡패), 二愣子(덜렁이), 二流子(건달), '二傻子'(바보, 멍청이), '二百五'(약간 멍청한 사람을 풍자하는 말), '二五眼'(능력이 모자라는 사람), 二进宫(경극의 극명에서 차용한 것으로, 교도소에 두 번 들어간 범죄자를 가리킴) 등은 부정의미로 사용되는 대표적인 어휘들이다.

2) 다수와 변화의 숫자 '三'

숫자 '一'과 '二' 다음에 나타나는 숫자인 '三'은 '다수'를 나타내기도 하는데, 다른 숫자에 비해 더욱 신비주의적 색채[54]를 지니고 있다. 고대 중국인들은 宇宙乾坤(우주건곤)을 3차원적 구성으로 파악하였는데, 소위 '3차원'은 '天地人(천지인)' 삼재(三才)를 말하기도 하고, 日月星(일월성) 삼진(三辰)의 발전변화에서 비롯되었다고 보기도 한다. 자연환경에 어떤 변화가 일어나든지 간에 하늘의 해, 달, 별은 늘 사람을 따라다니기 때문이라는 것이다. 이러한 신비주의적 특징은 사람들에게 '三'을 숭배하는 감정이 생기게 하였다.

이러한 3차원적 요소를 지칭하는 '三'은 또 조화와 균형의 미

54 ≪易经≫의 64괘는 매 '괘(卦)'에 6개의 '효(爻)' 가있고, 음효(阴爻)는 6이라 칭하고, 양효(阳爻)는 9라 칭하는데, 3의 배수인 6, 9의 변괘는 서로 이동하고 바뀌어 변화가 무궁한 천차만별을 나타내어 신비주의적 색채를 지닌다.

를 나타내기도 하는데, 인간이 만들어낸 인문학적 요소에는 '三'을 기준으로 사물의 이름을 짓거나 분류한 것들이 많다. 특히 천문, 역법, 음율, 악기 및 궁전의 건축, 왕조의 관직 설립 등에는 모두 '三'을 기준으로 하여 균형을 맞추었는데, 고대 국가 사직을 상징하는 '鼎(정: 솥)'은 세 개의 발을 가지고 있으며, 중국을 개창한 시조(始祖)에 三皇(삼황: 伏羲氏, 燧人氏, 神农氏)으로 분류하고 있다. 또 중국의 탄생을 처음으로 알리게 된 중국의 초대 왕조를 三代(삼대: 夏, 商, 周)로 지칭하고 있으며, 고위 관직에는 三公(삼공: 太师, 太保, 太宰)을 세워 권력의 균형을 맞추었다. 이 외에, 군의 편재는 三军(삼군: 中, 上, 下)으로 구분하였고, 종교 또한 三教(삼교: 儒, 道, 佛)만을 인정하였으며, 제물로 희생되는 동물에는 三牲(삼생: 牛, 羊, 猪)이 있고, 명절 또한 三节(삼절: 端午节, 中秋节, 年节)을 주요 명절로 삼았다. 백성들이 생활 예절의 근간으로 삼아야 했던 三纲(삼강: 君为臣纲, 父为子纲, 夫为妻纲) 또한 세 개의 성어로 구성되어 있다.

3) 죽음과 기피의 숫자 '四'

고대 중국어에서 '四'는 2의 배수이자 짝수로서 긍정의미를 표현하고 있었으며, 안정된 생활을 추구하는 중국민족은 '四平八稳(사평팔온)'[55]이라 하여 실내에 4폭의 족자를 걸거나, 4개 혹은 4가

55 四平八稳은 '언행이나 문장 등을 쓰는 것에 매사를 온당하게 하는 모양'으로

지 종류의 선물을 보내어 생활의 원만함과 안정감을 추구하였다. 또 손님에게 식사대접을 할 때도 '四盘八碟'(사반팔첩: 쟁반 4개, 접시 8개의 음식)이라고 하여 '四'와 그 배수인 '八'을 중시하였다. 이러한 현상은 앞의 '二'에서 본 것과 같이 짝을 맞추려는 중국인의 의식에서 비롯되었는데, '四'는 '二'보다 안정감과 조화를 추구하는데 많이 이용된 것으로 보인다. 예를 들어, 중국에 존재하는 그 많은 강이나 호수 중에서 유독 4대강(长江, 黄河, 黑龙江, 珠江), 4대 호수(洞庭湖, 鄱阳湖, 青海, 太湖) 등으로 분류한 것은 크기와 밀접한 관련이 있겠지만, 지역적인 특성도 고려한 것으로 보인다. 그리고 불교 명승지로 유명한 불산(五台山, 普陀山, 九华山, 峨眉山)이나 유명한 정자(滁州의 醉翁亭, 長沙의 愛晩亭, 北京의 陶然亭, 苏州의 沧浪亭)도 4개만을 선별하여 '4대'라는 명칭을 부여하고 있다. 발명품(나침반, 종이제조, 인쇄술, 화약) 또한 4개만을 선별하고 있으며, 우리들이 흔히 알고 있는 四君子(사군자: 매화, 난초, 국화, 대나무)도 그 많은 식물 중에 네 개를 선별하고 있으며, 심지어 경치도 四景(바람, 꽃, 눈, 달)으로 분류하고 있다.

하지만 현대중국어에서는 누구나 아는 것처럼, '四'는 누구나 꺼려하는 숫자 중의 하나이다. 이러한 '四'의 부정적 의미는 발음이 같은 '死'자를 연상시킴으로써 나타난 일종의 해음현상으로 파악할 수 있는데, 특히 숫자 '四'를 꺼려하는 문화는 한자문화권

해석되어 안정적이라는 긍정적인 의미도 있지만, 이러한 행위가 지나치게 조심하고 보수적이며 적극성이나 창조성이 결여된다는 부정의미도 있다.

에 속하는 한국이나 일본 등에서도 흔히 볼 수 있는 현상이다. 심지어 중국의 몇몇 방언지역에서는 '四'와 '死'뿐만 아니라, '十四'는 '实死'를 연상시켜 숫자 '四'가 들어간 어휘를 말하는 것을 꺼려한다고 한다. 예를 들어 粤(월)방언이나 闽(민)방언 지역에서는 병원에 4호 병실을 배치하지 않고, 빌딩에서도 4층이나 14층이 없는 곳이 많다고 한다. 뿐만 아니라, 어떤 지역에서는 버스나 자동차 번호판 자체에서 4번을 완전히 없애버리는 곳도 있으며, 선물 또한 네 가지 품목을 보내는 것을 기피한다고 한다.

4) 오행과 자연의 숫자 '五'

고대 중국에서 숫자 '五'는 방위, 사상, 생활과 밀접한 관련을 가지고 있으며, '五行(오행)'에 바탕을 둔 상생(相生)과 상극(相克)의 사상논리는 긍정과 부정의 의미가 공존하는 숫자를 형성하였다. 즉 오행은 金, 木, 水, 火, 土 다섯 가지 五星(오성)의 운행과 东, 南, 西, 北, 中央의 五方(오방)과 더불어 木-东, 金-西, 火-南, 水-北, 土-中의 관계로 짝을 이루었다. 또 '五行'은 상생(相生)과 상극(相克)의 기능과 속성이 서로 순행과 역행을 하면서 우주만물이 진화·발전한다고 믿어왔는데, 상생(相生)은 金에서 水가 나오며, 水는 다시 木을 낳고, 木은 火를 낳고, 火는 土를 낳고, 土는 金을 낳는 등 순차적으로 서로 상행의 기운으로 구성되어 있다는 것이다. 반대로 상극(相克) 金은 木을 이기고, 木은 土를 이기며, 土는 水를 이기고, 水는 火를 이기며, 火는 金을 이긴다는 것으로 이것은 서로 상대를 제어한다는데 있다. 이런 주장이 나온 이후, 숫자 '五'는 앞에서 언급했던 숫자 '3'과 같이 신비한 색채를 띠게 되어 사람들이 숭배하는 숫자가 되었다. 그래서 중국 사람들은 사물을 총괄하거나 명명할 때는 '五'로써 개괄하게 되었고, 그것에 합당하는 다양한 어휘들이 존재하게 된다.

'五'가 포함된 어휘를 살펴보면, 우리 삶의 기준이 되는 자연현상과 인간 사회의 생활윤리와 연계된 것이 많은데, 하늘에는 '五星(오성)'이 있고, 땅에는 '五材(오재)'가 존재한다. 육지와 호수에는 '五洲(오주)'와 '五湖(오호)'가 있고, 산지에는 '五岳(오악)'과 '五岭(오령)'이 있다. 또 인간 세상의 윤리에는 '五常(오상)'과 '五伦(오륜)'으로 나누었고, 사람의 장수와 연관된 '五福(오복)'이 있다. 또 점술은 '五卜(오복)'으로 나누었고, 제사를 지내는 데에는 '五牲(오생)'과 '五鼎(오정)'이 필요했다. 행정의 관제 또한 '五官(오관)'과 '五坊(오방)', '五均(오균)' 등으로 분류하였고, 관직도 '五等(오등)'으로 구분하였다. 형벌도 五刑(오형)으로 구분하였고, 병사들이 사용하는 무기 또한 '五兵(오병)'으로 구분하였다.[56]

---

56 이 외에도, 인체의 감각과 오감에는 五官, 五脏, 五内, 손가락은 五指가 있다. 또 책에는 五经, 五典, 시에는 五言, 음악에는 五律, 五声, 五音, 五线谱, 중의학에 五风, 五阻, 五劳, 五虚, 五气, 五损, 五诊, 양식에는 五谷, 가축에는 五蓄, 맛에는 五味, 五香, 색에는 五色, 색채에는 五彩, 약에는 五毒, 업종에는 五工, 동물에는 五兽, 五虫, 도덕에는 五德, 술에는 五粮液가 있다.

5) 해음과 행운의 숫자 '六과 八'

숫자 '六'과 '八'은 고대부터 현재까지도 중국 민족이 가장 좋아하는 숫자인데, 이 두 숫자는 모두 긍정의 의미를 나타내는 한자와 해음되어 더욱 많이 사용한다. 먼저 순조롭다는 의미를 지닌 '流(류)'와 해음되어 '六六大顺(육육대순: 흐름이 크게 순조롭다)'이라 하여, 인간 생활과 직접적인 연관을 미치는 자연, 정신, 제도 등에 대한 문화적 분류에도 '六'을 사용하였다. 그래서 자연의 기운을 나타내는 '六气'(육기: 阴, 阳, 风, 雨, 晦, 明)로 파악하거나, 우주의 구성원도 6가지로 나누어 '六合'(육합)이라 하였다. 또 사람의 욕심이 생기는 곳을 가리키는 六欲(육욕: 生, 死, 耳, 目, 口, 鼻)과 사람의 다양한 감정을 분류한 六情(육정: 喜, 怒, 哀, 乐, 爱, 恶), 그리고 가족을 구성하는 六亲(육친: 父, 母, 兄, 弟, 妻, 子) 또한 '六'을 기준으로 삼고 있다. 또 사람들이 식량으로 재배하는 곡물 또한 六谷(육곡: 벼, 수수, 콩, 보리, 기장, 조)이라 하여 6가지 주요작물로 분류하였으며, 인체의 중요 기관도 六腑(육부: 쓸개, 위, 대장, 소장, 방광, 三焦[57])로 나누었다.

또 학문을 시작하는데 필요한 기본 서적에 六经(육경: 诗经, 书经, 礼记, 乐经, 易经, 春秋)을 두었고, 과거시험에서 재능을 검증하

57 중의학에서는 혀 아래쪽에서 흉강을 거쳐 복강까지의 부분을 三焦라고 하는데, 上焦, 中焦, 下焦로 구성되어 있다. 또 중의학에서 질병을 일으키는 외부원인을 六淫(바람, 추위, 더위, 습함, 건조함, 불)으로 구분하였다.

는 방법에도 六艺(육예: 礼, 乐, 射, 御, 书, 数)로 하였으며, 诗经(시경)의 문예방식 또한 六义(육의: 风, 赋, 比, 兴, 雅, 颂)로 구분하였다. 허신이 한자의 조자법을 六书(육서: 象形, 指事, 会意, 形声, 转注, 假借)로 정한 것도 이러한 언어사유에서 나왔을 것으로 보인다. 이러한 '六'을 기준으로 하는 분류는 종교사상에도 영향을 미치고 있는데, 불교에서는 六根(육근: 眼, 耳, 鼻, 舌, 身, 意)이 있으며, 도교에서는 六神(육신: 심장, 폐, 간, 신장, 비장, 쓸개)의 각 부분을 신령이 주재한다고 여겼다.[58]

숫자 '八'은 상서롭고 행운을 상징한다고 여겨, 민간에서 결혼이나 경사가 있을 때 보통 '八八'잔치(8접시나 8그릇의 음식을 차리는 것)를 열어 손님을 초대하였다. 또 생일을 축하하는 연회에는 '八仙庆寿(팔선경수: 8개의 신선이 장수를 축하한다)'라 하여 8가지 음식을 차렸다. 현대 중국어에서는 상업거래나 상품에 숫자 '八'을 선호하는 것은 광동방언에서 '八'과 '发'가 동음으로 인식되어 나타난 해음문화 현상의 일종이라고 할 수 있다. 등소평의 개혁개방 정책으로 개인 사업으로 돈을 벌 수 있게 되면서, 사회주의 중국과는 달리 영국의 지배하에 있던 홍콩의 상업 활동을 모방한 것

58 사회에는 六婆(인신매매를 하는 여자, 중매쟁이, 여자무당, 포주, 돌팔이 여의사, 무자격 산파의 총칭)가 있으며, 결혼을 하는 데에도 六礼(纲采, 问名, 纳吉, 纳征, 请期, 亲迎)라 하여 여섯가지의순서로 하였다. 고대의 전장, 즉 법의 규정에서 六典(治典, 教典, 礼典, 政典, 刑典, 事典)으로 구분하였는데, 이러한 '六'가지 분류는 현대의 법률(헌법, 민법, 상법, 형법, 민사소송법, 형사소송법)에도 그대로 적용되고 있다.

으로 보인다. 즉 사람들은 숫자 '八'을 '发'가 가지는 의미항의 하나인 '发财(발재: 돈을 벌다)'와 연계시키면서 그러한 상징을 가지게 되었으며, 집 번지나 호실, 차량번호, 계좌번호, 전화번호 등 자주 접하는 번호에는 '八'을 사용하고자 열성을 기울인다. 예를 들어, 1988년 8월 8일 香港(홍콩), 澳门(마카오), 台湾(타이완) 등의 도시에서는 이날을 명절처럼 다양한 놀이를 하면서 축하하며 보냈는데, 이날은 8이 4개로 그 해음은 '发､发､发､发'가 되어 '大大发财(크게 재물을 모은다)'로 해석을 하였기 때문이다. 또 ≪中国青年报(중국청년보)≫의 보도에 따르면, 重庆市(중경시)에서 열린 이동전화(속칭 大哥大) 특수 번호 경매에서 '908888'이라는 번호는 외우기 쉬우면서도 '8'은 길한 숫자로 여겨 앞 다투어 구매하려는 사람들이 몰렸고, 5만 위엔의 높은 가격에 팔렸다고 한다.

'八' 또한 분류의 기준이 되는데, 사방을 다시 나눈 八方(팔방), 한자의 기원으로 여겨지는 점괘의 八卦(팔괘), 전설상의 신선인 八仙(팔선), 불교의 八宝(팔보)나 현대의 기능음식인 八宝粥(팔보죽) 등이 있으며, 불교, 도교에서 나왔던 八大名山(팔대명산), 현대에도 북경의 八景(팔경)이나 한국의 관동팔경(关东八景) 등도 이러한 '八'의 긍정적 이미지와 관련이 있다.[59]

---

59 이 외에도, 문장에는 八股(팔고), 재능과 학식에는 八斗(팔두), 절기에 八节(팔절), 음식에는 八珍(팔진), 음악에는 八音(팔음), 운문에는 八言(팔언), 먼 곳을 뜻하는 八荒(팔황), 결의에 八拜交(팔배교), 清朝의 八旗兵(팔기병), 악기에 八音琴(팔음금), 탁자에 八仙桌(팔선탁), 북에 八角鼓(팔각고), 전투대형에 八卦阵(팔괘진), 새에 八哥儿(팔가아), 혼약에 八字帖儿(팔자첩아), 요리

6) 순환과 반복의 숫자 '七'

중국인들은 '七日(칠일)'을 하늘의 도(道)가 순환하여 반복적으로 운행하는 주기로 여겼으며, 현재까지 7일을 한 주로 정한 것은 변함이 없다. 또 고대중국인들은 '七'이라는 유한한 홀수가 무한한 시간을 상징하는 무궁한 우주의 极数(극수)라고 생각하였으며, 세계가 7일을 거쳐 창조되었다고 여겼다.[60] 그래서 '七' 또한 '三'과 같이 다수를 나타내기도 하는데, 闻一多(문일다)는 ≪七十二≫에서 "15 실수 체계에서 5는 반수이고, 5빼기 2는 3으로 소수이며, 5더하기 2는 7로 다수이다."라고 하였다. 옛 서적에서 '七'이나 '三'은 종종 이러한 의미로 언급되었는데 소수나 다수를 상징하는 숫자로 여겨졌다.

중국의 '七星(칠성)'은 본래 북두성(北斗星)을 말하지만, 하늘의 태양(日)과 달(月), 그리고 오행의 화(火), 수(水), 목(木), 금(金), 토(土)를 합친 이름이기도 한다. 또 '七曜(칠요)' 또는 '七纬(칠위)'라는 이름으로 불리기도 했는데, 지금 일주일을 나타내는 요일(曜日)은 여기에서 나왔다. 고대 중국인들은 정월 초이렛날(7일)을 人日(인일)이라고 하였다[61]. 그리하여 사람을 가리키는 '七'을 제외한 여섯 종

에 八大菜系(팔대채계), 장아찌에 八宝菜(팔보채), 술에는 八大名酒(팔대명주), 사당에는 八大金刚(팔대금강)들이 있다.

60 ≪周易·复挂≫에 "反复其道, 七日来复, 利有攸往"라고 하였으며, ≪彖传≫에서 이 말을 해석하여 "反复其道, 七日来复, 天行也。"라고 하였다.

61 ≪北史·魏收传≫에서는 晋代 董勋의 ≪答问礼俗说≫에 대한 해석에서 "正月

류의 동물을 六合(육합)의 방위에 대응시켰는데, 그 중 东(동), 南(남), 西(서), 北(북)의 四方에 안배된 닭, 개, 양, 돼지는 당시의 사람들이 가장 많이 숭배한 네 가지 동물 토템이 되었다. 소는 땅을 갈고, 말은 하늘의 공간을 달리며, 사람은 그 중앙에 있는 것으로 가장 신성한 일곱 번째에 배치하였다.

'七'을 포함하는 대표적인 어휘로는 인간의 정을 나눈 '七情(칠정)'이나 가정생활을 유지하는데 필요한 七件事(칠건사: 땔감, 쌀, 기름, 소금, 장, 식초, 차의 7가지)가 있으며, 맛에는 七味(칠미), 七香(칠향)이, 그리고 색깔의 분류에 七色(칠색)과七彩(칠채) 등이 사용된다.[62] 또 '七'은 '八'과 자주 짝을 이루어 쓸모없거나 난잡한 것을 나타내는데, 七零八落(칠령팔락), 七零八碎(칠령팔쇄), 七扭八歪 (칠뉴팔왜), 乱七八糟(란칠팔조), 乌七八糟(오칠팔조), 七言八语(칠언팔어) 등의 부정적인 의미를 지닌 성어가 많이 사용된다.[63]

一日为鸡, 二日为狗, 三日为羊, 四日为猪, 五日为牛, 六日为马, 七日为人"라고 하였다.

62 서적에는 유가 경전 집성인 ≪七经≫, 汉代 刘歆의 ≪七略≫,南朝 王俭의 ≪七志≫, 阮孝绪의 ≪七录≫ 등이 있다. 문학 방면에는 西汉의 东方朔이 屈原을 추모한 辞 ≪七谏≫, 赋로는 枚乘의≪七发≫, 후인들은 이를 모방한 것으로 ≪七激≫, ≪七辩≫, ≪七启≫, ≪七释≫, ≪七讽≫, ≪七济≫, ≪七训≫, ≪七要≫, ≪七命≫, ≪七徵≫, ≪七励≫ 등이 있다. 东汉 말 建安년간에 建安七子(孔融, 陈琳, 王粲, 徐幹, 阮瑀, 应瑒, 刘桢)가 있었고, 음악 음률에는 七始, 七律, 七声, 七音, 七旦, 七弦琴, 七部乐 등 많은 어휘가 있다.

63 이 외에도, 七零八落, 七零八碎, 七扭八歪, 七高八低, 七死八活, 七差八错, 七青八黄, 七折八扣, 七上八下, 七上八落, 零七八碎, 七嘴八舌, 七手八脚, 七拼八凑, 乱七八糟, 乌七八糟, 七言八语, 七大八小 등 대개 부정적인 의미를 가지는 것들이 많다.

7) 하늘과 영원의 숫자 '九'

중국 사람들은 숫자 '九'를 가장 높은 수라고 하여 '지상 최고 혹은 가장 많다'는 의미를 부여하였으며, 또 '久(오랠 구)'와 동일음으로 해음되어 예로부터 길한 숫자라 여겨 즐겨 사용하였다. 현재의 십진법은 1에서 10, 100, 1000, 10000 등으로 수를 헤아리고 계산에 활용하지만, 본래 기본수는 1에서 9까지 구성되어 있었다. 고대의 중국 사람들은 '一'은 시작을 의미하며 '九'는 가장 높은 수[64]로 여겼으며, '九' 다음의 숫자인 10은 기본수가 아닌 1과 0이 결합한 두 자릿수의 처음이 된다. 아울러 그 다음 숫자 11은 다시 '一'로 되돌아가는 반복을 거치면서, '十, 百, 千, 万' 등의 숫자 모두 기본수의 반복에 지나지 않는다고 여겼다. 그래서 중국에서는 고대부터 지금까지도 '九'는 가장 많은 숫자이자, 가장 높은 것으로 파악하였다. 그리하여 세상을 아홉 개의 층으로 나누고, 그 중에서 가장 높은 하늘을 '九重天(구중천)', '九重霄(구중소)[65]' 및 '九霄云外(구소운외)'이라고 불렀다.

그래서 '九'는 봉건시대에는 최고의 통치자인 황제만이 가지는 황권의 상징이자, 고대 황제는 지상 최고(至高地上)의 '天子(천자)'는

64 ≪素问·三部九侯论≫에서는 "天地之至数, 始于一, 终于九焉."이라고 하였다.

65 중국인들은 "하늘에선 구천이 있고, 땅에는 구주가 있으며, 달에는 구도가 있고, 해에는 구광이 있다.(天为九天, 地为九洲, 月行九道, 日有九光)"라고 말했는데, 여기서 '霄(소)' 또한 하늘을 뜻한다.

'九重天(구중천)'이라는 이름으로 불리었으며, 또 황제가 입는 옷을 '九龙袍(구룡포)'라 하였다. 역대 제왕은 자신들의 통치가 장기간 안정된 상태에서 진행되길 바라는 마음에서 '九'를 숭배하였는데, 夏(하)나라 禹(우)왕은 전국 九牧(구목:牧은 행정구역)의 금속(청동)을 수집하여 '九尊鼎(구존정)'을 주조하였다.[66] 여기에서 '九鼎'과 '九州'는 영원한 중국을 상징하게 되는데, 즉 '九鼎'과 '九州'를 구성하는 숫자 '九'는 모두 '최고의 황권과 통치의 영원함(皇权至上, 长治久安)'을 의미하고 있다.[67]

明代 永乐帝(영락제)는 북경으로 수도를 옮기고, 성내에 9개 성문을 지었다. 또 紫禁城(자금성)과 北海公园(북해공원)에는 '九龙壁(구룡벽)'을 지었으며, 또 '九重天(구중천)'을 상징하는 황궁의 삼대전(太和殿, 中和殿, 保和殿)의 총 높이를 9장9척으로 하였다. 궁전의 계단도 9층이나 9의 배수가 되는 층수를 정하였으며, 자금성에 있는 방의 숫자 또한 모두 9,999칸으로 하였다. 뿐만 아니라, 자금성의 각루는 '九梁十八柱(구량십팔주: 9개의 대들보와 18개의 기둥)'의 건축구조이고, 대문의 못도 가로 세로 9열로 배열하여 각 열마다 9개씩 81개 못을 박아 '重九'라는 의미를 부여하였다. 본래 天坛(천단)의 圜丘(환구)는 하늘에 제사를 지내는 곳으로, 하늘은 九重(구중)이므로 단면, 난간, 계단에 사용된 돌, 난간의 척도와 숫자

66 "禹收九牧之金, 铸九鼎, 象九州."≪史记·武帝本纪≫

67 사실 '九鼎(구정)'은 전설 속에서 나라를 계승하는 보물이고, 九州는 중국의 옛 명칭이기도 하였다.

및 층수 모두 9 또는 9의 배수로 하였다. 고대 제왕은 선조에게 제사를 지내기 위해 '九庙(구묘)'를 세웠고, 관직 또한 '九卿(구경)'과 더불어 관 등급 또한 9급 또는 9품으로 하였다.[68]

8) 완전무결(完全無缺)의 숫자 '十'

중국어에서 성어 '十全十美(십전십미)는 '완전무결하다'는 의미를 지니는데, 여기에 사용된 숫자 '十'은 완전하고 완벽한 것을 상징하고 있다. 예로부터 중국민족은 완전하고 원만한 것을 추구하려는 심리가 있는데, 숫자 '十'을 숭상하는 풍조는 춘추전국시대로 거슬러 올라갈 수 있다.

숫자 '十'은 짝수의 으뜸으로, '十'은 '多(다: 많다)'와 '满(만: 가득하다)'을 나타낸다. 그리하여 앞에서 언급한 '十全十美(십전십미)' 외에도, 대부분 '十'을 형태소로 취하는 단어나 성어는 대개 이러한 뜻

68 숫자 9와 관련된 어휘로는 ① '九'가 포함된 단어 : 九流, 九族(구족), 九泉(구천), 九星(구성), 九日(구일), 九方, 九土, 九山, 九河, 九门, 九光, 九色, 九府, 九品, 九锡, 九服, 九九, 云霄九, 九成, 九窍, 九秋, 九冬, 九归, 九连环, 九头鸟, 九回肠, 九成九, 九宫格, 九牛一毛(구우일모), 九牛二虎, 九死一生(구사일생), 小九九, 九千岁(황제지하, 만인지상의 권신), 九九重阳节, 九九艳阳天 등이 있으며, ② '九'의 배수로 구성된 단어나 구 혹은 성어로는 : 十八般武艺, 十八层地狱, 十八罗汉(십팔나한), 就地十八滚, 女大十八变(여대십팔변), 三十六计一走为上计, 七十二行, 行行出状元 등이 있다. 또 ≪西游记≫에 보면 손오공의 변신에도 七十二变, 十八洞, 八十一难 등이 나온다.

을 나타내고 있다. 예를 들면, 단어에는 十分(십분), 十成(십성), 十足(십족), 十方(십방), 十番(십번) 등이 있으며, 성어에는 十全十美(십전십미), 十惡不赦(십악불사), 一目十行(일목십행), 十目十手(십목십수), 十年树木(십년수목), 十年寒窗(십년한창) 등이 있다. 또 '十'의 완전함은 특정 부분에서 가장 우수한 사람이나 사물을 표현할 때로 '十'을 활용하여 분류하기도 하였는데, 고대에는 '十大圣人(10대성인)'(文圣孔子, 武圣关羽, 书圣王羲之, 草圣张旭, 画圣吴道子, 史圣司马迁, 医圣张思邈, 诗圣杜甫, 酒圣杜康, 茶圣陆羽)이나 十大古典名著(십대고전명저), 十大兵书(십대병서), 十大喜剧(십대희극), 十大悲剧(십대비극), 十大名山(십대명산), 十大名寺(십대명사), 十大名花(십대명화), 花中十友(화중십우) 등이 있다. 오늘날에도 각 직업에서 가장 우수한 사람들을 뽑을 때에도 十大影星(십대영성: 십대영화배우), 十大歌星(십대가성: 십대가수), 十大笑星(십대소성: 십대코미디언), 十佳运动员(십가운동원: 십대운동선수), 十大世界新闻(십대세계신문: 십대세계뉴스), 十年大庆(십년대경: 십대경사) 등과 같이 10가지로 분류하는 경우가 매우 많다.

9) 없으면 안 되는 숫자 '영(零)'

한국어에서 셈을 하거나 수를 셀 때, 대개 숫자 '0'을 쓰지 않거나 말하지 않은 경우가 많다. 하지만, 현대중국어에서 수를 셀 때는 '0'이 빠질 수 없다. 예를 들면, '1050(一千零五十)'과 '1500(一千五)'

또는 '105(一百零五)'와 '150(一百五)'의 차이점은 모두 '0'의 유무와 위치에 있다. 물론 고대중국어에서는 수를 셀 때 '0'을 쓰지 않는 경우가 많았는데, 대개 '五百有七(507)'처럼 '有'나 '又'자를 쓰거나, 아예 사용하지 않고 一千四(1004), 一千四十(1040)처럼 표현하였다. 서기 718년 씌여진 ≪开元占经(개원점경)≫에서는 점(.)으로 빈자리를 표시했다. 서기 1247년에 씌여진 ≪数学九章(수학구장)≫에서는 △로 빈자리를 표시했다. 송대(宋代)에는 '飘零(표령: 떨어지다, 몰락하다)'의 '零'으로 나머지를 표시했는데, 예를 들면 '五十一万六千贯有零'(오십일만천관유영: 包拯상소문)[69]와 같다. 또는 수의 빈자리를 표시하는데 사용되기도 하였는데, 예를 들면 '两时零五刻'(양시영오각: 周密(주밀)≪齐东野语(제동야어)≫)와 같다. 명대 후기 程大位(정대위)의 ≪算法统余(산법통여)≫에서는 1001을 '一千零零一(일천영영일)'로 표시하였는데, 현대중국어에서 '一千零一(일천영일)'로 하나의 '零'을 쓰는 것과 차이가 있다. 즉 현대중국어에서도 1004를 '一千零四(일천영사)'처럼 두 자리 이상의 연속된 '0'에 한 개의 '零'을 사용하고 있지만, 여전히 숫자배열에서 빈곳을 채워주는 자연수로 사용되고 있다는 점은 같다.

일반적으로 '0'은 최소의 자연수라고 여기지만, 중국어에서 숫자 사이에 '0'을 끼워 넣어서 사용한 것은 오래되지 않았다. 하지만 중국어에서는 '0'를 표현하는 '零(영)'자는 이미 오래 전에 존

---

69 장이칭·푸리·천페이 지음, 나진희 옮김 ≪한자가족≫(2016), 156쪽 참조.

재했었고, 다만 본래의 뜻은 숫자를 의미하는 것이 아닌 '余雨(여우)'[70]라고 하여 보슬비나 이슬처럼 큰 비가 내리고 그치면서 내리는 소소한 비를 의미한다고 할 수 있다. 이후 이러한 비의 모습과 유사한 형태의 서리, 이슬 등을 묘사하기도 하였고, 다시 서리나 이슬을 맞고 시든 풀과 나무 등을 의미하게 되었다. 그리하여 '零'과 결합한 어휘들은 대부분 零落(영락)처럼 말라서 떨어지거나 凋零(조령)처럼 시들어 떨어지는 것을 나타내며, 零丁(영정: 가냘프다), 畸零(기령: 나머지, 우수리), 涕零(제령: 눈물을 흘리다), 孤零(고령: 고독하다), 飘零(표령: 우수수 떨어지다, 몰락하다), 望秋先零(망추선령: 가을이 되기도 전에 시들다)처럼 부정적인 의미를 지니는 것이 많다.

중국의 언어학자 王力(왕력)은 '零'이 처음으로 명나라 수학 저서에 등장하고는 있으나 지면에는 사용되지 않았고, 청나라에 와서야 비로소 입말로 사용되었다고 한다. 뿐만 아니라, 명나라 이전에는 현재 우리나라의 입말에서처럼 '零'이 중간에 포함되면 건너 뛰어 읽었다고 한다. 그래서 '零'의 이러한 쓰임은 ○, □의 기호로 표시되기도 하였고, 又(우), 有(유), 丹(단), 单(단), 另(령)의 글자로도 쓰이기도 하였으나, 현재는 '零'과 '○'이 남아 한자로 숫자를 표시할 때 사용된다. 먼저 '零'은 대문자(갖은자) '壹, 贰, 叁, 肆 ,……, 拾'과 함께 쓰이며, '○'은 일반문자인 '一二三四,……,十'와 같이 쓰인다.

70 ≪说文解字≫에서는 '零, 余雨也。'라고 설명되어 있다.

비록 번호나 연도와 같은 생활 속의 숫자에는 '〇'이 한자의 역할을 하고는 있지만, 정작 중국어에서 '零'이 없어서는 안 되는 가장 중요한 이유는 그 활용도가 매우 높고 다양하기 때문이다. '零'은 '〇'과 같이 배열된 숫자에서 빈자리를 채우는 역할 이외에도 수량이 극소수이거나 전혀 없는 영어의 'ZERO' 혹은 '无(무)'의 역할을 하고 있다. 예를 들면, 현대중국어에서 零危险(영위험=무위험), 零距离(영거리: 간격이 없다), 零增长(영성장=zero성장) 등이 있다. 또 零点(영점: 기준점)이나 零时(영시: 시간), 零度(영도: 온도), 零起点(영기점: 제로베이스)[71] 등에서는 측량의 기점으로 '无'가 아니라, '有'가 된다.

71 각종 어휘나 구절은 ≪한자가족≫(2016), 160-161쪽 참조.

3. 동식물명과 토테미즘

고대부터 인간들은 자연과의 싸움에서 자신들에게 위험을 가져오거나 생활에 방해가 되는 자연현상과 인간에게 위협을 가하는 다양한 동물에 대해 경외심을 드러내기도 하는데, 이러한 문화심리는 토테미즘(totemism)[72]이나 샤머니즘(shamanism)[73]과 같은 신앙을 통한 우상숭배(偶像崇拜)로 나타나기도 한다. 토템(图腾: totem)은 특정 집단이나 인물에게 종교적으로 연결시킬 수 있었던 야생 동물이나 식물 등의 상징을 의미하는데, 인간 생명의 기원이 동물이나 식물에 있다는 생각에서 특정 동물이나 식물을 인간의 조상 혹은 지배자로 받들어 숭배하는 사상으로 나타난다. 특히 원시인들이 채집이나 사냥, 고기잡이 등으로 생활양식을 획득과정에서 겪게 되는 자연과의 투쟁은 현대에 사는 우리들이 '우주전쟁'이나 'SF영화' 등에서 볼 수 있는 미래 로봇과의 싸움들과 대비

72 토테미즘은 특정종류의 동식물이나 광물, 천연현상 등의 사물에 대해 개인과 집단이 특수한 종교적 태도를 갖고 관계하는 예의나 습관을 말하며, 그 중심이 되는 동식물이나 기타 사물을 토템이라 한다.

73 대개는 샤머니즘이 계급발생 이전 시대와 식량의 수렵 및 채집 단계에서 생성하여 발전되었다는 학설이 지배적이나, 일부의 종교학자들은 역사발전에 따른 사회·경제의 변천과 종교적 신앙의 변화를 동일선상에 놓고 샤머니즘의 기원을 토테미즘에서 찾고 있다. 특히 샤먼은 원래 정령을 지배하는 일이 가능했던 토템 동물의 계승자로서, 신석기시대에서 청동기시대로 발전하는 과정에서 토템 신앙에서 샤머니즘적 사상과 의례로 진화하였다고 말한다.

시켜 볼 수 있다. 그 시대 사람들도 이기기 힘든 자연과의 싸움에 있어 뭔가에 기대고 싶은 대리 욕망에서 이러한 신비한 힘을 가진 토템(동물/우주선)으로 형상화했던 것이다.

중국어에도 동물과 토템의 관계를 나타내는 어휘는 동물의 다양성만큼이나 많으며, 중국인들은 스스로를 '龙的传人(용적전인: 용의 자손)'이라고 하듯이 용(龙)이나 봉황(凤凰)과 같은 존재하지 않는 동물을 형상화하는 것도 있다. 물론 귀신(鬼神)이나 정령(精灵) 등과 같은 또 다른 토템을 만들어 내는 역순환 과정도 되풀이 되고 있으며, 가장 대표적인 토템으로는 사서(四瑞) 혹은 사신(四神)으로 불리는 네 마리의 전설의 동물인 청용(青龙), 백호(白虎), 주작(朱雀), 현무(玄武)와 더불어 십이지신상(十二支神像)에 보이는 12마리의 동물이 대표적인 토템으로 간주할 수 있다. 뿐만 아니라, 호랑이, 말, 개, 토끼 등 12지신에 보이는 동물들은 중국 내의 다양한 소수민족들에 의해 토템으로 설정되어 있는데, 이러한 토테미즘이나 샤머니즘은 최근에도 특정 사물이나 대상에 대한 우상숭배와 종교화 현상으로 이어져 사회적 문제를 유발하기도 하였다.

1) 신비와 숭배의 대상

중국 사람들은 스스로 '용의 자손(龙的传人)'이라고 말할 정도로, 용에 대한 집착은 가히 우상숭배라고 할 수 있다. 중국 사람들의

'용(龙)'에 대한 토템은 고대 삼황 중 복희씨(伏羲氏)와 신농씨(神农氏)의 탄생설화에서 나타나며, 그들이 가진 음양의 사유방식은 용(龙)과 짝이 되는 '봉황(凤凰)'이라는 가상의 조류동물을 만들어 내었다. 뿐만 아니라, 상대(商代)의 갑골문(甲骨文)에서 이미 '용(龙)'자가 나온다는 점에서 신비동물인 '용(龙)'의 토템화는 고대 중국의 씨족에까지 거슬러 올라가고 있음을 알 수 있다.

우선 문자의 형상과 출토문물에서 보이는 용의 형상은 '악어(鳄魚)'와 흡사하여, 대개 용이 악어에서 형상화되었다는 설이 힘을 얻고 있다. 지금 우리가 흔히 알고 있는 용의 형상은 소의 머리에 사슴의 뿔, 독수리의 발톱과 말갈기에, 비늘로 피부를 감싸고 있다. 중국 사람들은 날씨가 무덥고 비바람이 몰아칠 때 입을 벌리고 위를 쳐다보는 악어의 모습에서 용을 형상화하였으며, 이러한 용의 모습이 비바람을 부르고 구름과 안개를 부른다고 여겨 마치 번개처럼 하늘을 날아다니는 雨雷(우뢰)의 신으로 우상화했던 것으로 보인다. 특히 중국의 민속 신앙에서 청룡(青龙), 주작(朱雀), 현무(玄武)와 함께 사신을 이루는 백호(白虎) 또한 옛날의 벽화 등에서 보면, 마치 용과 다를 바 없는 모양을 하고 있다. 백호는 이름 그대로 실제로 털이 흰 호랑이를 뜻하지만 한국과 중국 등 동양권에서는 신화나 설화에 나오는 영험한 상상의 동물을 의미한다. 이러한 사실은 고구려 고분벽화 속에 나오는 백호의 그림은 호랑이 형상을 하고는 있지만, 마치 하늘을 날아가는 용이나 뱀의 형상으로 그려져 있다는 것에서도 인간들의 상상에 의한 형상화가 이루어졌음을 알 수 있다. 이처럼 백호를 용처럼 그려놓은 이유도 백호 또한 수호신으로 하늘과 바다를 거침없이 다니고, 비나 구름을 자유자재로 운용하는 영험한 힘을 실어주기 위함이라고 볼 수 있다.

차통에 그려진 용과 봉황

이러한 사실을 볼 때, 용의 형상이 반드시 악어에서 비롯되었다기보다는 인간들이 자연생활에서 위협을 느끼는 무서운 동물들을 퇴치할 수 있는 수호신을 형상화한 것으로 보인다. 즉 당시의 인간들이 위협을 받았던 동물인 강의 악어와 뱀, 날짐승인 독수리, 초원을 힘차게 가로지르며 빠르게 달리는 말 등을 합쳐 놓았으며, 특히 사람의 말을 잘 듣는 소의 머리를 형상화 한 것은 인간의 기원을 잘 들어줄 것 같은 친근한 동물을 추가한 것으로 보인다.

또 용과 음양의 대비로 나타나는 '凤凰(봉황)'은 사신(四神) 중의 '주작(朱雀)'과 유사한 형태를 하고 있는데, 전설 속 조류의 수장으로 매우 화려한 모습과는 달리 용에 버금가는 강한 모습도 보이고 있다. 봉황의 형상은 닭의 머리에 독수리의 부리를 하고 있으며, 전설 속 붕새의 날개를 가지고 있으며, 학의 다리와 공작의 꼬리를 하고 있다. 봉황의 탄생은 대개 닭에서 기원했다는 설이 유력하며, 이것은 봉황과 연관된 어휘들이 대부분 '丹凤朝阳(단봉조양: 붉은 봉황이 해를 향하다)'이나 '凤鸣朝阳(봉명조양: 이른 아침에 봉황이 울다)'과 같이 '아침'과 '태양'에 관련되어 있기 때문이다. 새벽에 닭이 우는 것은 아침에 뜨는 태양과 밀접한 관련이 있으며, 두 성어 모두 인재가 좋은 때를 만나 자신의 능력을 발휘할 수 있음을 나타낸다. 또 상주(商周)시대의 문물에서 발견된 고문자에 보이는 닭의 형상 또한 봉황과 매우 닮았는데, 당시의 봉황은 날개가 작고 벼슬이 있으며, 날카로운 부리, 그리고 예리한 발톱에 땅으로 드리워진 꼬리는 마치 중국의 금계[74]와도 닮아있다. 다음의 시(诗)는 오동나무에만 깃드는 봉황의 상스러움을 노래하고 있다.

凤凰鸣矣,
봉황이 우네

于彼高岗,
높은 언덕에서,

梧桐生矣,
오동이 자라나네

于彼朝阳。
아침햇살을 받고

≪诗经·大雅·卷阿≫

---

74 중국이 원산인 꿩과의 조류로, 수컷은 머리에 우관(羽冠)이 나 있으며, 꼬리가 길고 아름답다.

사실 '용'과 '봉황'이 파충류와 조류의 형상을 조합하고 있는 것은 인간들이 자신들이 살고 있는 땅의 자연에 존재하는 위험에서 벗어나고 싶은 욕망을 나타내고 있다고 볼 수 있다. 즉 육지에 존재하는 곰, 호랑이 등의 위험한 동물로부터 벗어나는 길은 나무나 하늘로 올라가는 것이었는데, 그런 의미에서 조류는 쉽게 위험에서 벗어나고 싶은 인간의 욕망을 대신할 수 있는 대표적인 상징물이었던 것이다. 또한 날카로운 부리와 발톱 등을 그려 넣은 것은 야생의 동물들을 물리치고, 자연을 지배하고자 하는 인간의 욕망을 그대로 표현한다고 할 수 있다.

2) 두려움과 경외의 대상

그러면 인간이 자연과의 싸움에서 특히 두려움을 느끼는 동물들은 어떠한 것들이 있을까? 우리가 처음으로 중국어를 접하는 초급중국어 교재에는 언제나 '老师(노사: 선생님)'가 등장하는데, 이때 '老师'에서 사용된 '老'는 본래 의미인 '늙다'의 형용사가 아닌 접두사라는 것을 배우게 된다. 또 접두사 '老'는 '老百姓(백성)'이나 사람의 성씨 앞에 붙여 존경과 친근감을 나타내는 '老张(장씨)、老李(이씨)、老王(왕씨)……' 등에는 상대방을 '존경'하는 중국인의 관념적 표현이 들어있는 것을 확인할 수 있다.

그런데 이름에 접두사 '老'가 들어가서 왠지 다른 동물에 비해 늙어(老) 보이는 동물을 볼 수 있는데, 다름 아닌 '호랑이(老虎)'와 '쥐(老鼠)'가 여기에 해당한다. 물론 여기서 호랑이와 생쥐가 늙었다는 것은 아니라, 경외(敬畏)의 대상임을 나타낸다. 사실 처음 중국어를 접하는 외국인들을 과연 중국인들이 호랑이나 쥐를 정말 '존경'하고 있을까에 대해 혼란스러움을 느끼지만, 이것이 '호랑이(老虎)'나 '쥐(老鼠)'에 대한 중국인의 토템의식에서 비롯되었음을 알게 되면 곤혹은 사라진다.

먼저 당시 중국이라는 지역적 특징에서 중국인들에게 가장 위협적이고 무서운 동물은 아마도 '호랑이(老虎)'였을 것이며, 이러한 사실은 다양한 사료(史料)나 문학작품에서도 찾아볼 수 있다. 그리고 쥐 또한 가을에 수확한 농작물을 겨울에 저장해 놓은 창고를 급습하는 쥐는 당시의 농업환경과 식량사정으로 볼 때 아마도 재앙이었을 것이다. 따라서 동물에 부가된 '老'에는 '존경(敬)'의 의미보다는 두려움(畏)에서 나온 '경외(敬畏)'의 대상에 붙는 접두사인 것이다. 사실 존경과 두려움은 우리 마음속에 공존하는 것으로, 글자의 어느 쪽으로 기우느냐에 따라 우리의 느낌은 다르게 나타난다. 예를 들면, 중국인들에게는 '친밀감'의 의미가 좀 더 강한 반면, 한국어에는 '존경하면서 두려워한다.'라고 정의되어 두려움이 더 강한 이미지를 가지고 있다. 그래서 유의어로 경구(敬惧), 외경(畏敬), 존외(尊畏) 등으로 결합되어 있는데, 우리는 여기에서 '존경하다'로 번역되는 '존(尊)'과 '경(敬)', '두려움'으로 번역되는 '외(畏)'와 '구(惧)'가 어떠한 차이점이 존재하는지 살펴보는 것도 중국인의 언어사유를 파악하는 방법이 될 수 있을 것이다.

3) 가축(家畜)과 인간의 묘사

가축(家畜: domestic animal)은 인류가 야생동물을 길들여 개량한 것으로 인류생활에 유용한 동물을 통틀어 말하여, 주로 사역에 이용하거나 축산물을 제공하므로 인간에게는 어느 동물보다 친근감을 가지게 된다. 인류가 야생동물을 가축화에 성공한 것은 1만 년 전인 신석기시대로, 신(神)에게 '살아 있는 제물(祭物)'을 바치려는 종교적 신앙심에서 비롯되었다고 한다. 그러나 개, 돼지 등과 같은 동물들은 인간생활과의 접촉과정에서 자연발생적으로 공생관계가 이루어져 가축화가 되었으며, 최초로 가축화된 동물은 개(狗)로 약 1만 2000년 전에 가축으로 사육되었다. 다음으로 소(牛, 약 1만 년 전), 양(羊), 돼지(猪, 약 8천 년 전)의 순으로 되었다고 전해졌으며, 말은 비교적 가까운 때(약 3천 년 전)에 이루어졌다고 전해진다.

인간들에게 가축으로 길들여진 동물들의 행동이나 특성은 또 다른 의미범주로 함축되고, 인간의 행위와 특성은 다시 이러한 동물들과 비교되어 비유어를 만들어내고 있다. 또 이러한 동물에 대한 평가는 서로 다른 언어를 사용하는 사람들의 평가 또한 다르게 드러나게 되는데, 각 동물에 대한 다양한 해석은 서로 다른 민족의 문화현상이 어떻게 다르게 나타나는지를 엿볼 수 있게 되는 것이다.

① 马(마: 말)의 성공과 실패

중국어에서 말을 나타내는 马(마)자는 갑골문에서부터 보이기 시작하는데, 이것은 아마도 중화민족의 발원이 황하 서북방의 초원지역에서 비롯되었기 때문일 것으로 보인다. 특히 중국 북방의 유목민족은 말의 특징을 잘 알고 있을 뿐만 아니라, 말과 관련된 다양한 어휘에는 말의 분류나 색상에 대해 많이 나타나고 있다. 우선 말의 구분은 암수의 생물학적 분류[75]가 이루어지고 있으며, 그 다음에는 말의 능력에 따라 좋은 말과 나쁜 말을 구분하고 있음을 알 수 있다. 좋은 말로 분류되는 '骏(준)과 骥(기)'에서 우리가 흔히 듣게 되는 준마(骏马)가 여기에서 나왔음을 알 수 있으며, 또 나쁜 말을 나타내는 '驽(노), 骀(태)' 중에서 '驽(노)'는 우리가 흔히 부르는 느림의 대명사 '노새'에서 그 의미를 짐작할 수 있다. 뿐만 아니라, 뛰어난 말의 특징을 색상으로 구분하기도 하였는데, 항우(项羽)가 탔던 오추마(乌骓马)에서 '骓(추)'는 검은색과 흰색이 섞인 말을 가리키며, 진경(秦琼)이 탔던 황표마(黄骠马)의 '骠(표)'는 누른 바탕에 흰 털이 섞인 말을 가리킨다. 아마도 관운장이 탔던 '적토마(赤土马)'는 붉은색에 가까운 황토색의 말이었을 것으로 보인다.

75 수컷은 '骝(liú)와 驵(zǎng)'가 있으며, 암컷은 '骒(kè)', 騲(cǎo) 등의 한자가 있다.

중국인들이 생활의 경험 속에서 나타내는 '马'의 특징은 성어 등의 다양한 어휘를 통해 긍정적인 이미지를 나타내는데, '老马识途(늙은 말이 길을 잘 안다)'는 경험이 많은 사람을 비유할 때 사용된다. 또 '马到成功(일시 신속하게 이루어지다: 사진)'은 하고자 하는 일이 순조롭기를 기대하고 있으며, '千里马' 등의 빠른 말의 이미지는 세월의 빠름을 비유하기도 한다. 이러한 긍정적인 의미를 표현하기도 하지만, 또 '马后炮(마후포: 행차 뒤의 나팔)', '拍马屁(박마비: 아첨하다)', '马屁鬼((마비귀: 아첨쟁이)' 등은 부정적인 의미로 쓰인 것들도 있는데, 이것은 이전에 과거시험에 합격하여 말을 타고 금의환향하든 모습에서 가져왔지만, '관'에 아첨하여 직업을 얻는 등 부정적인 의미는 현대인들에게도 시사점을 던져주고 있다.

② 狗(구: 개)의 충성과 노복

역사적으로 개는 주인을 충성(忠诚)으로 섬기는 동물로 표현되었으며, 개의 이러한 상징은 최근에도 주인의 외로움을 달래주는 애완견에서 그러한 상징의미를 연상해 볼 수 있다. 하지만 '충성(忠诚)'이란 주종(主从)의 관계에서 주인에게 복종을 하는 신하나 하인의 종(从)에 해당하기 때문에, 긍정의미보다는 부정의미로 사용된 것이 더 많다. 특히 중국어에서 인간에게 비유되는 개 또한 여전히 주인을 섬기는 하인이나 노복(奴僕)의 상징으로 되어 있어, 계급적으로는 하층에 위치하고 있음을 알 수 있다.

개가 가축화가 되기 이전의 상고시대에는 '견융(犬戎)'이나 견봉(犬封)같이 개를 토템으로 숭배하는 나라도 있었으며, 한나라 고조 유방(刘邦)은 개국공신들은 '忠狗(충구)'[76]라고 칭찬을 했다는 기록도 있다. 하지만 군주가 신하를 부르거나 혹은 신하가 군주나 상관을 대할 때에도 자신을 '狗'라고 낮추어 표현한 것은 긍정의미로 사용되었다고는 볼 수 없다. 특히 가축화 이후에 나타난 개의 이미지는 여전히 신하나 노복 등과 같이 긍정의미에서의 칭송받는 존재는 아니었다. 뿐만 아니라, 한국어에서 '狗(구)'보다는 좀 긍정적 의미로 사용되는 또 다른 한자인 '견(犬)'자 또한 '不才愿效犬马之劳'[77]나 '不胜犬马之意' 등에 나타나는 '犬马之劳(견마지로)', '犬马之意(견마지의)'도 비교적 낮은 계급이 높은 계급에 대한 충성도를 표현할 때 사용된다. 더욱 부정적인 이미지로 나타나는 '丧家狗(상가구: 상갓집 개)'나 '落水狗(낙수구: 물에 빠진 개)' 등의 비참한 현실을 보여주고 있으며, 또 이용만 당하고 버려지는 사람을 비유하는 '兔死狗烹(토사구팽)' 등은 개의 어리석음을 보여주는 대표적인 어휘라고 할 수 있다.

봉건시대에는 제왕의 권위가 강화되고 계급제도가 엄격해지면

76 한국어에서는 대개 충견(忠犬)이라고 말한다.

77 '不才'는 자신(自身)의 학재(學才)를 겸손(謙遜)해서 하는 말이다.

서 개는 심복의 상징이 되었으며, 현대중국어에서도 개에 대한 부정적 이미지는 사회의 지위나 계급이 낮은 것과 연관성을 지닌다. 특히 고대와 다르게 현대에 와서는 더욱 부정적 이미지가 강하게 나타나면서, 사회에 부정적 영향을 미치는 음지의 제왕으로 그 계급은 올라가고 있다. 즉 현대에 나타난 개의 부정적 이미지는 점점 강해져 권력의 위세를 등에 업고 교만하거나 악행을 일삼는 사람들을 지칭하게 되었는데, '走狗(주구)', '狗腿子(구퇴자: 앞잡이, 주구)', '狗头军事(구두군사)' 등은 악당의 앞잡이를 나타내는 대표적인 어휘들이 되었다.

4) 남녀의 애정 및 충정의 상징

사람들은 남녀 혹은 부부 사이의 사랑을 표현하는데 있어, 대개 동물들의 암수 간 행동이나 식물의 생태 모습 등을 통해 사람들의 사랑을 간접적으로 비유해 설명하고 있다. 이것은 다른 사람의 남녀관계나 사랑이야기를 직접적으로 표현하기 꺼려하는 동양인들의 특성에서 비롯되었다고 할 수 있다.

중국어에서 사랑하는 부부를 상징하는 대표적인 새인 '鴛鴦(원앙)'은 수컷과 암컷이 결혼하면 영원히 헤어지지 않는다고 하여, 부부간의 금슬이나 애정이 두드러지게 보이는 부부를 '鴛鴦(원앙)'이라고 표현한다. 그래서 신방을 구성하는 휘장이나 베게 등에

원앙 도안을 수놓으며, 창문에는 원앙이 물에서 노는 모습의 '红窗花(홍창화: 창문에 붙이는 붉은색의 전지)'를 붙인다. 또 부부의 사랑을 상징하는 '比翼鸟(비익조)'는 용이나 봉황처럼 추상적으로 형상화된 새로, 암수가 각각 눈 하나 날개 하나를 가지고 하나의 새처럼 행동한다고 한다. 그래서 떨어져서는 날아다닐 수 없기 때문에 '比翼双飞(비익쌍비: 비익조는 한 쌍으로 난다)'라고 하였다. 그래서 비익조는 부부가 서로 헤어지지 않고, 서로 아끼며 사랑한다는 것을 상징한다.

또 중국어에서 붉은 콩인 '红豆(홍두)'는 연인에 대한 그리움, 사랑 등을 상징하고 있는데, 전설에 의하면, 한 여성이 변방에서 죽은 남편을 그리워하다가 '红豆(홍두: 팥)' 밭에서 죽었다고 하여, '相思子(상사자)'라는 별칭을 가지고 있다. 당(唐)나라 시인인 왕유(王維)의 시 "此物最相思"에서 보이는 '相思(상사: 서로 생각한다)' 또한 '红豆(홍두: 팥)'를 의미하고 있다. 또 부부간의 애정을 상징하는 식물로는 나무 두 그루의 나뭇가지가 연결되어 같이 살아가는 '连理枝(연리지)'가 있다. 또 같은 줄기 가장자리에 두 송이의 연꽃이 나란히 피어나는 '并蒂莲(병제련)' 혹은 '并头莲(병두련)' 또한 부부간의 애정을 상징하는 대표적인 식물이다.

5) 탐욕과 교활, 어리석음의 상징

먼저 대표적인 부정의미의 상징으로 이리(狼豺)가 있는데, 이리는 흉악하고 잔인함, 탐욕, 양심이 없다는 등 모든 부정적 의미를 다 가지고 있다. 현대중국어에도 이리와 관련된 성어가 많이 보니는데, '狼吞虎咽(낭탄호인)'은 '게걸스럽게 먹는 모습'을 상징한다. '狼子野心(낭자야심)'은 '흉악한 사람은 마음 씀씀이가 악랄하여 고치기 어렵다'는 의미를 타나내며, '狼狈为奸(낭패위간)'은 '나쁜 사람과 어울려 함께 못된 짓을 저지르는 것'을 나타낸다. '狼心狗肺(랑심구폐)'는 배은망덕한 사람을 의미하며, '豺狼当道(시랑당도)'는 '악한 놈들이 권력을 잡은 것'을 비유하고 있다.

'狐狸'(호리) 혹은 黄鼠狼(황서랑)으로도 불리는 여우(狐狸, 黄鼠狼) 또한 '교활하고 의심이 많은 사람'을 상징하는데, '老狐狸(노호리)'는 교활한 사람'을, '狐狸精(호리정)'은 간사하고 교활한 사람을, '狐媚子'는 요염한 모습으로 사람을 홀리는 여자'를 상징한다. 특히 민간에서 많이 사용되는 헐후어 중에 '狐狸尾巴-藏不住(여우의 꼬리 - 감출 수 없다.)'가 있는데, '나쁜 짓을 한 후 남은 흔적이나 증거는 숨길 수가 없다.'고 하여 권선징악의 교훈을 담은 내용이 있다. 또 중고등학교나 대학의 한문 교재에 많이 보이는 '狐假虎威(호가호위)'는 남의 권세를 빌려 위세를 부리는 사람을 상징하고 있으며, '黄鼠狼给鸡拜年-没有好心(여우가 닭에게 세배를 하다 – 좋은 마음이 아니다)'라는 말은 '흑심을 숨기고 있음'을 나타낸다.

뱀(蛇)이나 전갈(蝎) 또한 독을 가지고 있어서 악랄한 마음을 상징하는데, 숙어 중에 '蛇蝎之心(사갈지심: 사갈 같은 마음)'이 있다. 또 夜猫鹰(야묘응: 부엉이)는 야간에 주로 활동하여 불길한 새로 여겼다. 그래서 "夜猫子进宅, 无事不来。"(부엉이가 집에 들어올 때는 일이 없을 수가 없다.)는 '그가 나타나면 뭔가 (불길한) 일이 생긴다.'는 좋지 않은 징조를 상징한다. 또 까마귀(乌鸦)는 대개 묘지 근처의 나무위에 서식하는데, 사람들은 검은 색의 까마귀가 우는 것을 불길의 상징으로 여겼다. 그래서 "天下乌鸦一般黑。(천하의 까마귀는 모두 검다.)는 말은 검은색을 악당을 나타내는 대표적인 상징색으로 사용되었다. 뿐만 아니라, 현대 중국에서 네 가지 박멸 대상인 老鼠(노서: 쥐), 麻雀(마작: 참새), 蚊子(문자: 모기), 苍蝇(창승: 파리) 또한 사람에게 해를 가하는 대표적인 상징 동물로, 예로부터 문학작품에도 많이 등장한다. 그래서 위의 네 동물로 비유되는 사람은 유익하지 않은 상대이니, 어울리지 말거나 피하라는 의미를 담고 있다고 할 수 있다.

그리고 어리석은 사람을 비유하는 대표적인 동물 중에서 熊(웅: 곰), 猪(저: 돼지), 驴(려: 나귀) 등은 대부분 성격이 굼뜨고, 미련하기 때문에, 어리석음의 대명사로 사용되고 있다. 현대중국어에서 '바보'를 가리키는 대표적인 글자인 笨(분)과 결합하여 '笨熊(분웅)과 '笨猪(분저)'는 미련하거나 우둔한 사람을 비유하고 있다. 또 어리석음을 나타내는 蠢(준)과 결합한 '蠢猪(준저)는 돼지같이 멍청한 놈, 바보, 머저리, 얼간이 등 다양한 번역어로 사용되고 있으며,

‘蠢驴(준려)는 당나귀같이 미련한 놈, 바보 등으로 사용되어 우둔하거나 어리석음을 상징하는 동물을 나타내고 있다.

이러한 동물 이외에, 사람들이 부정적으로 인식하는 식물들도 있는데, 대개 독성이 있거나 가시가 있어 사람들이 싫어하는 풀들이 많다. 현대에는 독성을 제거하는 약재로 많이 쓰이는 쑥(蒿, 艾)은 그 맛과 냄새 때문에 예로부터 대부분 비열한 소인이나 혹은 간사하고 아첨을 잘하는 사람을 상징했다. 또 ‘荆棘(형자: 가시나무)’나 ‘蒺藜(질려: 남가새, 마름쇠)’는 가시가 많아, 다른 사람에게 욕을 하거나 폭력을 행사하는 등 싫어하는 행위를 하는 사람에 대한 혐오스러움을 표현할 때 사용된다.

4. 종교어휘와 기대심리

우리가 일상생활에서 자연스럽게 쓰는 말들이 특정 종교에서 나왔다는 말을 들으면 신기하기도 하고 흥미롭다. 아마도 종교어휘는 대부분 권선징악과 관련되어 인간의 기대 심리와 결부되는 긍정의미를 지닌 어휘이거나, 아니면 인간이 두려워하거나 부정적인 것에 대한 회피의 심리와 관련되어 있기 때문일 것이다. 동서양을 막론하고 사람들은 어려움에 처했을 때, 제일 먼저 'God'나 '老天爷', '天哪!', 'かみ', '하느님' 등을 부르며, 하늘에 계신 신에게 어려움을 해결해 주기를 기대한다. 과연 하늘에 어떤 신이 있기에 우리는 습관처럼 '하느님'을 찾게 되는 것일까? 중국어에서 '天'으로 일컬어지는 '하늘'은 하느님의 주신 사명이라는 '天命(천명)'과 하느님이 인간에게 내리는 명령의 준칙이라는 '天理(천리)'와 '天道(천도)' 등이 있다. 특히 '天道'에는 사사로움이나 관계의 치우침이 없다하여 '天道无私(천도무사: 하늘의 도는 사사로움이 없다)'나 '天道无亲(천도무친: 하늘의 도에는 친함이 없다)'이라고 하여 하느님은 누구보다 공정하다고 믿기 때문이다.

하느님에 대한 인간의 이러한 신적 숭배는 '死生有命, 富贵在天(사생유명, 부귀재천: 인간의 생사와 부귀는 천명에 달려있다.)'이라 하여 고대중국인에게 사람의 생사는 하느님의 능력 아래에 있다고 믿게 하였다. 또한 우리가 흔히 '尽人事待天命(진인사대천명: 노력을 다하고 천명을 기다린다)'이라고 하는 것처럼, '尽人力而由天命(진인력이 유천명)'나 '天无绝人之路(천무절인지로: 하늘은 사람의 길을 끊지 않는다)'라고 하여 하느님은 인간이 하고자 하는 의지와 기대를 저버리지 않는다는 중국인의 긍정적인 사유방식을 드러내고 있다.

이처럼 신격화된 '天'에 대한 숭배는 '하늘' 이외의 다양한 추상적 '神'들 이외에도, 별, 달, 바람, 물, 생물 등 우주만물의 자연에 존재하는 사물 등에 대해서도 서로 다른 이름으로 불리어지면서 다양한 종교나 민간신앙을 만들어내는 요소로 작용하였다.

1) 불교(佛教)어휘와 권선징악

불교(佛教)는 인도에서 석가모니(释伽牟尼)가 창시한 종교라는 사실은 누구나 알고 있는 사실이며, 중국의 불교는 서한(西汉)시대에 전래되어 현장법사 등이 활동했던 당(唐)나라를 거치면서 중국의 문화현상으로 자리 잡았다고 한다. 특히 불교용어는 중국의 민족심리나 사회생활 전반에 걸쳐, 불경으로부터 많은 어휘를 흡수하여 중국어의 일상적인 어휘가 되었다.

먼저 '佛教(불교)'라 용어는 범어(梵语) 'Buddha(부다)'가 '浮屠(부도: futu)'로 번역되었다가, 이후 '佛图(불도: fotu)', '佛驮(불타: fotuo)', '佛陀(불타: fotuo)' 등으로 음역되다가 '佛'이라는 한 글자로 정해졌다. 이처럼 현재 널리 사용되고 있는 불교 용어가 두 자 혹은 그 이상의 음역어에서 한 글자 혹은 두 글자로 줄어들어 완전한 음역어가 아닌 의역의 의미가 강하게 된 것은 불교의 중국화와 관련이 있는 것으로 볼 수 있다. 대개 부처와 관련된 '菩萨(보살)', '罗汉(나한)'이나 죽음을 의미하는 涅盘(열반) 등은 여전히 불교의 전용 용어라고 할 수 있으나, 烦恼(번뇌), 苦海(고해), 不可思议(불가사의) 등은 현실 생활에서도 많이 사용되고 있다. 또 인간 사유의 다양성을 보여준 '장님이 코끼리를 만지다'라는 '부분만 알고 전체를 알지 못한다.'는 비유어인 '盲人摸象(맹인모상)'이라는 성어도 불경[78]에서 나왔다.

중국어에서 우리가 흔히 알고 있는 '마귀'의 '魔(마)'도 부처님을 나타내는 '佛'자의 변화처럼 梵语 'mara'의 번역어 '魔罗(마라)'에서 '마'만 남았으며, 魔界(마계), 魔鬼(마귀), 魔力(마력) 魔法(마법), 魔术(마술), 病魔(병마) 등 다양한 용어들이 생활 속에서 사용되고 있다. 한국어에서도 화재의 현장을 소개할 때에 '火魔(화마)'가 할퀴고 간 현장이라든가 '水魔(수마)'가 휩쓸고 간 현장 등에 기자의 멘트로 많이 사용된다.

스님을 나타내는 '僧(승)' 또한 梵语 'samgha'의 음역어 '僧伽(승가)'의 두 글자에서 한 글자로 줄어든 대표적인 예인데, 한국의 불교에서는 스님들이 수련을 하는 '승가대학(僧伽大学)'에 그 쓰임이 보인다. 현대중국에서는 스님에 대한 명칭은 흔히 중국어 교재에

78 불경 중의 하나인 '百喻经(백유경)'에 이 이야기(故事)가 보인다.

서 볼 수 있는 '和尚(화상)' 이외에도 '僧人(승인: 승려)'가 있으며, 나라가 위태로울 때 구국의 신념으로 일어서서 적과 싸웠던 '僧兵(승병)'도 있다. 이외에도 사찰과 스님들의 생활환경에서 나타나는 塔(탑)이나, 寺(사), 尼(니:비구니, 여승), 钟(종), 磬(경: 경쇠), 钵(발: 탁발 그릇), 观音(관음), 舍利(사리) 등도 불교에서 사용하는 용어 들이다.

하지만, 우리가 일상생활에서 많이 사용하면서도 불교와 관련성을 알아차리기 힘든 것들도 많다. 예를 들어, 지구 전체를 나타나는 공간범주의 '世界(세계)'는 梵语 'loka'에서 나왔으며, 초기의 음역어인 '路迦(로가)'에서 의역어로 바뀌었다. 또한 처음에는 시공 개념을 모두 포괄하는 개념이었으나, 이후 '공간개념'을 나타내는 것으로 의미범주가 축소되었다. 또 '实际(실제)'는 불교 중에서 유일, 절대, 불변의 본체이자, 수용하지 못하는 것이 없고 존재하지 않는 것이 없는 일체의 현상을 의미하였으나, 객관존재의 실질적인 상황으로 변화되었다. 이 외에도, 우리 한국어에서도 쉽게 볼 수 있는 功力(공력), 刹那(찰나) 姻缘(인연), 因果(인과), 大众(대중), 现在(현재), 现实(현실), 现世(현세), 觉悟(각오), 智慧(지혜), 智能(지능), 方便(방편), 境界(경계), 悲观(비관), 庄严(장엄), 真相(진상), 平等(평등), 圆满(원만), 结果(결과), 出现(출현), 体险(체험), 变化(변화), 主观(주관), 客观(객관), 地獄(지옥), 门外汉(문외한), 四大天王(사대천왕)[79] 등도 모두

79 우리가 흔히 듣고 있는 가수나 배우 등의 '四大天王(사대천왕)'은 본래 불교 사찰에 가면 산문을 들어서는 양쪽으로 서 있는 호세사천왕(护世四天王)을 가리킨다. 수미산 정상의 중앙부에 있는 제석천(帝释天)을 섬기며, 불법(佛

불교에서 나왔다. 또 민간신앙에서 阎王爷(염왕야) 혹은 '阎罗王(염라왕)'으로 불리는 염라대왕은 또한 불교에서 지옥을 주재하는 신으로 사람의 죽음과 지옥의 심판, 윤회 등을 관장한다.

또 우리가 생활에서 흔히 볼 수 있는 성어나 숙어들도 있는데, 不可思议(불가사의), 自由自在(자유자재), 因果报应(인과보응), 生老病死(생로병사), "天上天下, 唯我独尊(천상천하 유아독존)" 등이 있다. 또 불교의 윤회설을 잘 설명하는 '三生有幸(삼생유행)'이 있으며, 牛鬼蛇神(우귀사신)은 因果业报(인과업보)의 불교 교의로 앞에서 언급한 '뿌린 대로 거둔다'는 '因果报应(인과보응)'이나 "선을 행하면 선으로 보답 받고, 악을 행하면 악으로 되돌려 받는다"는 글귀가 나온 '善有善报, 恶有恶报(선유선보, 악유악보)' 등의 숙어를 탄생시켰다. 이 외에도 光明正大(광명정대), 极乐世界(극락세계), 对牛弹琴(대우탄금: 소귀에 경 읽기) 등은 우리들에게 권선징악의 경계를 내리는 성어들이다.

중국에서 불교문화의 영향은 사찰을 나타내는 '○○寺' 이외에도, 지명이나 산 이름에도 나타난다. 예를 들어, 北京市(북경시)의 '喇嘛沟(라마구)[80]와 石经山(석경산)', 河北省(하북성) 邯郸市(한단시)의 响堂山(향당산), 广东省(광동성)의 '佛山(불산)' 山东省(산동성) 济南市

法)이나 불법에 귀의하는 사람들을 수호하는 호법신이다. 동쪽의 지국천왕(持国天王), 서쪽의 광목천왕(广目天王), 남쪽의 증장천왕(增长天王), 북쪽의 다문천왕(多闻天王 ; 昆沙门天王)을 말한다.

80 喇嘛(라마)는 티베트나 몽골 등지에서 승려를 일컫는 말이다.

(제남시)의 '千佛山(천불산)', 贵州省(귀주성)의 '梵净山(범정산)' 杭州市(항주시)의 '天竺路(천축로)' 甘肃省(감숙성)의 须弥山(수미산), 安徽省(안휘성)의 佛子岭水库(불자령수구) 등은 모두 불교의 용어를 사용하고 있다. 우리는 이처럼 이름 속에 담긴 의미를 통해, 본래 이러한 지역이 불교나 사찰과 관련이 있는 지명이었음을 발견할 수 있다.

2) 도교(道教)어휘와 정신수양

도교(道教)는 노자와 장자의 도가(道家)사상에 고대 중국의 민간 신앙과 오행설, 그리고 신선술 등이 결합되어 중국인의 내면 사상을 지배하고 있는 종교이다. 도교의 사상은 시조인 노자(老子)의 철학 중에서 '道'의 사상을 토대로 하여, 득도(得道)를 하면 신선이 될 수 있어 영생을 누릴 수 있다는 교세를 전파하고 있다.

대표적인 도교용어로는 사람의 정신을 집중하게 하여 잡념을 없앤다는 '存思(존사)'가 있고, 중국인들이 색인(索引)으로 사용하는 '导引(도인)'은 신체운동과 호흡조절의 방법으로, 모든 정신을 손가락에 집중하여 오랜 수련을 거치면 불로장생을 할 수 있다고 한다. 불로장생을 위하여 단약(丹药)을 복용하는 '服食(복식)'은 화학성분을 달여서 만든 '仙丹(선단)'과 약초를 달여 만든 '仙药(선약)'을 복용하는 것으로 구별된다.

일상생활에서 도교와 관련해서 듣게 되는 어휘 중에서 道士(도사), 道术(도술) 등을 제외하고, 道德(도덕), 元气(원기), 气功(기공), 八卦(팔괘), 太极(태극), 丹田(단전), 五行(오행), 龙王(용왕), 龙宫(용궁), 土地(토지), 神通(신통), 修行(수행) 등의 어휘들은 이미 생활 속에 자연스럽게 스며들어 도교와의 관련성을 크게 느끼지 못하고 사용하고 있는 것들이다.

도교사원은 불교사찰과 마찬가지로 명산이나 명승지에 위치하게 되는데, 대개 도교사원을 지칭하는 한자로는 '观(관), 宫(궁), 殿(전), 庙(묘), 堂(당), 阁(각)' 등으로 이름 지은 것들이 많다. 대표적인 사원으로는 북경의 '白云观(백운관)'과 '马神庙(마신묘)', 천진시의 '吕祖堂(여조당)', 娘娘宫(낭낭궁), 玉皇阁(옥황각), 산서성 진사(晋祠)의 圣母殿(성모전) 등이 있다.

3) 민간신앙과 부주(符咒)

한국에서 '符籍(부적)'이라고 부르는 '符咒(부주)'는 사람들에게 부와 행운을 가져준다거나 혹은 악령이나 악귀를 쫓아준다고 믿는 주술적 도구로, 符籙(부록), 神符(신부)라고도 부른다. 본래 '符咒(부주)'는 '符(부)'와 '咒(주)'의 두 가지로 나누는데, '符'는 한자에 굴곡을 가진 신비한 서사부호를 적은 것으로, 현재 우리가 알고 있는 '符籍(부적)'으로 볼 수 있다. 또 '咒'는 사람과 인간 사이의 의사소통을 할 수 있게 하는 비밀스러운 글(密语)로, 지금의 종교단체에서 행하는 '염불'이나 '기도문'과 비슷하다고 할 수 있다.

중국에서 '符咒(부주)'의 발생은 황제(黄帝)가 '符'로써 치우(蚩尤)를 물리쳤다는 기록을 근거로 주장하고 있으나, 대략 한말(汉末)에서 위진(魏晋)시대에 도교가 나타나면서 유행했다고 한다. 현재 중국의 '符咒(부주)'는 '도교'와 밀접하게 연관되어 있는데, 이것은 아마도 도교가 '黄老(황노: 黄帝와 老子)사상'과 민간 미신의 신선방술을 결합했기 때문일 것으로 보인다. 특히 张道陵(장도릉)이 도교를 창립하고 전파하면서 '符咒(부주)'를 사용하여 백성들의 병을 고치는 활동을 하였는데, '符咒(부주)'를 배우려면 쌀 5되를 비용으로 지불해야 해서 '五斗米道(오두미도)'라고도 한다.

먼저 '符(부)'의 효능과 종류를 살펴보면, 도교의 '符'는 본래 黄纸(노란색 종이)에 도교의 '密语(밀어)'를 사용하여 '天书(천서)'를 쓰게 되는데, 글자 모양이 복잡하고 이상하게 생겨 일반

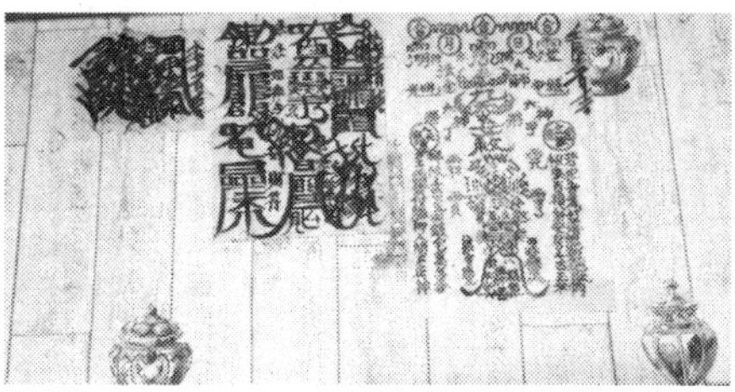

백성들은 알아볼 수 없었다. 이러한 부적들은 옆의 그림처럼 우리나라에서도 쉽게 볼 수 있다. 다만 문자학의 관점에서 접근해 보면, 갑골문(甲骨文)과 금문(金文), 대전(大篆) 등의 고전 서체가 초서체(草书体)와 혼재되어 사용되어 있으며, 도교는 이러한 문자를 하늘에서 내린 것으로 신성시함으로써 숭배의 대상으로 만들었던

것이다. '符(부)'는 나누는 기준도 다양하고 종류도 복잡하기는 하나 사용방법에 따라 나누어 보면, 입으로 삼키는 '吞符(탄부)', 몸에 지니는 '护身符(호신부)', 물로 얼굴을 씻는 洗眼符(세안부), 병사들의 전쟁 승리와 무사귀환을 바라는 '箭符(전부)', 신단(神坛)이나 몸에 새기는 '印符(인부)', 주택에 붙이는 '宅符(택부)', 문 입구나 문 위에 붙이는 '门符(문부)', 침대에 붙이는 '床符(상부)', 나무에 붙이는 '树符(수부)' 등이 있다.

다음으로 '咒语(주어)'는 '符'보다 더 이른 원시 무술(巫术)에서 왔으며, 세계의 모든 민족들에서 볼 수 있다. 중국에서는 일찍이 종교와 연결되어 종교의 '密语(밀어)'로 사용되기 시작했는데, 梵语(범어)로는 진실의 언어(真言)라고 하여 '陀罗尼(타라니/다라니)'라고 부른다. '咒语(주어)'는 불교(佛教)든 도교(道教)든 간에 모두 법술(法术)을 목적으로 한 내용으로 '시(诗)'편으로 구성되었는데, 낭송하는 사람도 내용을 잘 이해하지 못하는 경우가 많았다고 한다. 그러면 민간에서 미신(迷神)으로 사용하던 '咒语(주어)'를 살펴보자. 다음은 '피를 멈추게 하는 지혈(止血)용'의 '咒语(주어)'이다.

太阳出来一滴油,
手执金鞭倒骑手。
三声喝令长流水,
一指红门血不六。

위의 '咒语(주어)'는 실족하여 피가 나는 어린아이의 지혈을 위해서 외우는 주문이라고 한다. 다음의 '咒语(주어)'는 옛날 집을 건축하여 가족들이 입주하기 전에 물을 떠 놓고 안녕을 비는 주문으로, 모든 가족들이 수양버들 가지에 물을 묻혀 뿌리면서 집 주변을 돌면서 주문을 외우게 된다.

木郎木郎,
运去他方。
作者自受,
为者自常。
所有魔魅,
与我无干。
急急如太上律令敕!

다음으로 한국어로는 '안택부(安宅符)'라고 할 수 있는 '安门符(안문부)를 소개한다. '咒语(주어)'의 방식은 대문을 마주하고 주문을 외는데, 집에 재물이 들어오고 행운이 깃들기를 기원하게 된다.

天有三奇,
地有六仪。
玉女守门,
凶煞远避。

进喜进财，

大吉大利。

金玉满堂，

长命富贵。

急急如律令![81]

언어구성의 측면에서 살펴 본 '咒语(주어)'는 그 내용이 그렇게 어렵지 않고, 신비적이지도 않다. 다만 미신으로 인식되는 것은 일반 백성들이 성심성의껏 행하기만 하면 복이 온다는 신념으로 행했으며, 반대로, 진심을 다하지 않는다면 재앙이나 불행이 온다는 믿음 때문이었을 것으로 판단된다. 사실 위에서 보여준 '咒语(주어)'의 내용은 현대에도 흔히 볼 수 있는 구절들이 중심을 이루고 있으며, 오히려 민요풍을 지녀 쉽게 암송하기 쉽게 되어 있다는 것이 특징이다.

81 이상의 '咒语(주어)', 즉 주문은 郭锦桴 著 ≪汉语与中国传统文化≫, 119-120 인용.

제3부 언어예술과 제도문화

1. 색상어휘와 상징체계

현대에 살고 있는 우리들이 색상(色相)에서 연상되는 것은 아마도 '색상도(色相度)와 더불어 크레파스, 스팩트럼 등'의 외래어나, 또 '빨강, 주황, 노랑, 파랑, 초록, 보라'의 일곱 색깔 무지개[82]가 떠오를 것이다. 하지만 우리가 너무나 자연스럽게 인식하고 있는 일곱 빛깔의 무지개와 행운의 숫자 '7'을 연상하는 것은 기독교적 특징의 서양문화가 이미 우리의 머릿속에 정착되었음을 의미한다.[83] 하지만 각 나라에서 무지개에 부여하는 색상은 그 민족이 기본적으로 인식하는 색상이라고 할 수 있으며, 반드시 7개로 고정되어 있는 것은 아니다. 고대 중국의 무지개 색상은 5가지로 구분했으며, 먼 옛날 우리나라의 무지개 빛깔 또한 다섯 가지 색상의

82 무지개의 색상은 물방울의 지름의 크기에 따라 좌우되며, 지름이 약 0.06㎜ 미만의 작은 물방울일 때는 흰색이 된다. 따라서 흰색 무지개가 가장 많은 것은 작은 빛방울 또는 안개물방울에서 생긴 무지개라고 할 수 있다.[네이버 지식백과] 무지개 (한국민족문화대백과, 한국학중앙연구원)

83 무지개의 색을 7가지로 정한 사람은 뉴턴으로, 서양에서는 기독교의 영향으로 7을 행운의 숫자로 여긴다. 빛의 성질을 연구하던 뉴턴도 무지개의 아름다운 색깔을 지을 때 기독교의 영향을 받았다고 전해진다.

오방색(五方色)이었다. 또 기록을 통해 본 우리 조상들의 무지개의 색상 중에서 가장 많이 표현된 색상은 흰색이었으며, 그 다음으로 청색, 적백색, 적색, 오색 등 색깔의 초점을 단순하게 지적하여 표현한 것들이 바로 우리 민족의 자연사물의 색상에 대한 인식이었다.

본래 고대 중국어의 기본 색상은 자연현상과 사물 등을 비유하여 색상을 표현했으나, 이후 염색기술이 발달하면서 염색 가공 이후에 나타난 색상에는 '糸(사)'자를 부수로 첨가하여 기존의 자연색상과 구별되었다. 물론 다양한 색채어휘가 상징하는 것은 여전히 자연현상이나 사물을 상징하고 있으며, 다만 시대에 따라 색채어휘가 지니는 의미의 상징성은 각기 그들이 추구하는 방향과 합치되어 다르게 나타나기도 한다. 특히 중국 역사에서 각 朝代別(조대별)로 서로 숭배하는 색상은 서로 달랐는데, 하(夏)나라는 청색(靑色)을 숭배하였으며, 상(商)나라는 백색(白色)을, 주(周)나라는 적색(赤色)을, 진(秦)나라는 흑색(黑色)을, 한(汉)나라는 적색(赤色)을, 수(隋), 당(唐), 송(宋), 원(元), 명(明), 청(淸)은 모두 적색(赤色)을 숭배하였다.[84] 특히 수나라 이후에는 모든 조대(朝代)에서 적색을 숭상한 것은 습관화된 문화적 현상으로 나타났으며, 현재까지도 적색은 중국을 상징하는 혁명의 색으로 숭상 받고 있다.

---

84 ≪明史·輿服三≫에 이르기를 "洪武三年, 禮部에 이르기를, 역대의 숭상하는 바가 달랐다. 夏는 青, 商은 白, 周는 赤, 秦은 黑, 漢은 赤이며, 唐 이후에는 周와 漢을 본받았다. 唐、宋의 옷의 색채가 숭배하는 것은 赤色이었다.(洪武三年, 禮部言, 歷代易尚, 夏青, 商白, 周赤, 秦黑, 漢赤, 唐以後, 取法周、漢。唐、宋, 服色所尚, 于赤為宜。)"

중국에서는 2천여 년 전부터 지구를 구성하는 金(금), 木(목), 水(수), 火(화), 土(토) 다섯 가지 광물질과 더불어 '五行(오행)'을 연관시켜 색상을 표현하였는데, 이들 광물질은 차례로 '흰색(金-白), 녹색(木-绿), 파랑(水-蓝), 빨강(火-红), 노랑(土-黃)'을 대표하고 있다. 이처럼 오행을 기본으로 하는 중국인의 사상(思想)은 동(東), 남(男), 서(西), 북(北), 중앙(中央) 다섯 가지 방위(方位)를 '五方(오방)'이라 하였으며, 인체에는 오장(五脏)과 더불어 그들의 모든 생활모습에서 오행사상을 찾아볼 수 있다. 뿐만 아니라, 색상은 중국인들이 사람의 성격을 묘사하는데 이용하기도 하는데, 가장 대표적인 것이 경극에서의 얼굴 분장인 脸谱(검보: 사진)에서 찾아볼 수 있다. 검보(脸谱)는 경극에서 관중에게 등장인물의 성격을 직접적으로 보여주기 위한 일종의 화장술로, 색상뿐만 아니라 얼굴의 도안 또한 일정한 규칙과 격식에 따라 그려진다. 하지만 일반적으로 색상을 통해 등장인물의 성격을 묘사하게 되는데, 홍색은 关羽(관우)처럼 충성과 강직 및 혈기 등을 상징하고 있으며, 자주색은 근엄하고 장중한 느낌으로 정의감을 상징하고, 포청천(包青天)처럼 웃음기 없이 엄숙하고 강경한 성격을 표현하기도 한다. 또 흰색은 조조(曹操)처럼 간사함과 의심이 많은 인물을 주로 묘사하거나, 흉악하거나 포악한 성격을 가진 인간을 상징하기도 한다.

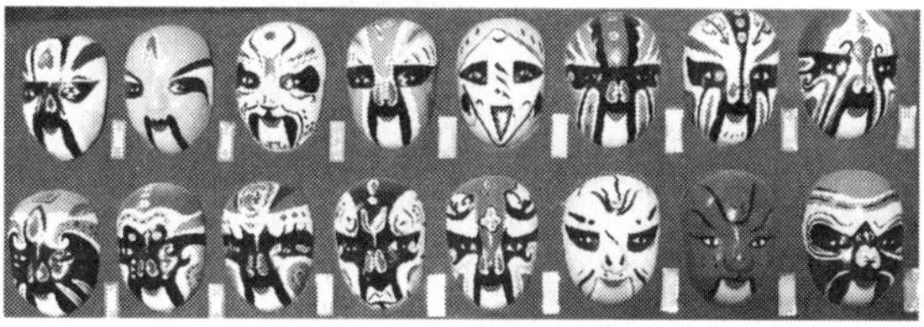

1) 중국의 상징 - 홍색(红色)

红色(붉은색)은 중국민족이 널리 사용하며 가장 즐겨 사용하는 색채 중 하나로, 고대 중국어에서 홍색을 상징하는 색채는 '赤(적), 朱(주), 丹(단), 绯绛*(비강) 등'으로 나눠볼 수 있다.[85] 중국의 다양한 민족 중에서 특히 한족(汉族)은 예로부터 홍색을 좋아했는데, 홍색에서 태양과 불의 이미지가 연상되기 때문인 것으로 보인다. 중국인들이 느끼는 태양과 불이 이미지가 사람들에게 광명과 온기 및 행복 등과 연결되어 행복, 기쁨, 길함, 즐거움, 열렬 등 의미를 상징하게 되었다. 가장 대표적인 홍색의 상징으로는 중국의 국기인 '오성홍기(五星红旗)'가 있으며, 홍색은 전통 명절의 경축행사에 다양한 방식으로 사용되고 있다. 예를 들어, 春節(설, 구정), 元旦(신정) 등에 대문의 양쪽에 붉은 对联(春联이라고도 함)이나 '福(복)'자가 있으며, 창문에 붙이는

85 현대중국어에서 붉은색은 大红(진홍색), 火红(새빨간색), 血红(선혈처럼 붉은색), 猩红(선홍색), 棗红(대추색), 粉红(분홍색), 水红(수홍색), 朱红(주홍색), 炭红, 石榴红, 玫瑰红, 雞冠红, 瑪瑙红, 高粱红, 珊瑚红, 紫红(자홍색), 肉红(핑크색), 棕红, 桃红(도홍색), 柿红, 橘红(귤색), 胭脂红(양홍색), 海棠红, 紫檀红, 女兒红, 雞血红(홍색), 櫻桃红, 椒红, 茶红, 銹红, 銅红(구리빛), 磚红, 梔子红, 山楂红 등 매우 다양하게 표현된다.

도안인 창화(窗花: 红剪纸라고도 부름)나, 대문의 입구에 붙이는 등롱(红灯笼) 등이 모두 홍색을 바탕으로 하고 있다.

이후 홍색의 상징은 왕성함(兴旺), 발달, 순리, 성공, 행운, 복리, 성취 등 추진하는 일이 순조로움을 의미하게 되었는데, 사람들은 결혼을 일컬어 '红喜事(홍희사)'라고 하는 것도 이러한 의미이다. 뿐만 아니라, 결혼예식에서도 신부는 붉은 옷을 입고 머리에는 붉은 수건을 쓰며, 신랑은 붉은 띠를 두르고 가슴에는 큰 붉은 꽃을 달게 된다. 또 대문에는 명절 때와 같은 붉은 대련을 붙이며, 방에는 홍색의 '囍(쌍희)'자를 붙이고 붉은 초를 켠다. 결혼선물 또한 붉은 종이 혹은 붉은 천으로 포장하거나, 청첩장도 붉은 종이에 쓰게 된다. 한마디로, 결혼할 때에는 홍색을 떠날 수 없으며 홍색으로 기쁨, 길함과 상서러움, 행복과 즐거움을 나타낸다. 특히 민간에서는 아이가 태어나는 것 또한 기쁜 일로 간주되어, 부녀자가 임신한 것을 '有喜(좋은 일이 있다.)'라고 하며, 산모는 붉은 계란을 먹고, 붉은 띠를 두르게 하여 아이가 앞으로 '좋은 운(红运)'이 맞이하길 기원한다.

이처럼 중국에서 홍색은 사업의 흥성(兴旺), 발달, 순리, 성공, 원만(圆满) 등 의미를 상징하기 때문에 기업의 개업 혹은 상업의 개업, 전람회 개막, 혹은 공사(工程)의 정초식 및 준공식 등을 축하할 때에는 붉은 비단으로 된 테이프를 끊으며 이로써 성공, 순리, 원만 등 의미를 나타낸다. 여기에서 상용하는 어휘 또한 '红'으로 형태소가 되며, 이러한 어휘로는 红利(홍리: 보너스), 红运(홍운: 행운),

分紅(분홍: 이익의 분배), 紅榜(홍방: 과거시험에서 합격자를 발표하던 게시판), 紅標(홍표: 상품 등의 붉은 색 표지), 紅包(홍포: 세뱃돈이나 상여금 등), 开门紅(개홍문: 좋은 출발을 하다), 满堂紅(만당홍: 경사스러운 날에 집 앞에 장식한 등이나 촉대 등), 紅日高照(홍일고조) 등이 있다.

이러한 홍색이 나타내는 성공의 상징 의미는 또한 사회의 호평, 군중들의 추대와 환영, 상사에게 중용됨의 의미로 파생되기도 한다. '紅'으로 이루어진 어휘로는 大紅人, 很紅, 唱紅了, 演紅, 走紅(좋은 운을 만나다), 紅的发紫, 紅极一時 등으로 표현하는데, 모두 '어떤 일이 잘되어 인기를 누리다'의 의미를 지닌다. 그 후 홍색은 성공하여 환영을 받거나 중용되는 사람에 대한 부러움과 질투의 의미로 파생되어 眼紅(안홍: 질투심이 나다), 紅眼病(홍안병: 결막염) 등의 어휘가 생겨났다.

또 중국공산당이 일본 제국주의 및 국민당 정부와의 전쟁에서 인민군이 흘렸던 유혈 투쟁의 역사를 상징하기도 한다. 예를 들어, 紅旗(홍기), 紅軍(홍군), 红区(홍색 지구), 紅都(홍도),[86] 紅心(사회주의 혁명의 충성심), 紅五星(홍오성: 붉은 별), 紅星(붉은 별), 紅领章(붉은 금장), 紅袖章(붉은 완장), 紅领巾(홍소병), 紅小鬼(꼬마 홍군), 紅

86 중국 江西省(강서성) 赣州(공주)에 위치한 유적지 紅都瑞金(홍도서금)을 가리킨다. 瑞金(서금)은 중국의 공산주의정권인 중화소비에트공화국임시중앙정부(中华苏维埃共和国临时中央政府)가 탄생한 곳이자 제2차 국내혁명전쟁시기에 중앙혁명근거지의 중심지 역할을 했던 곳. 혁명 유적으로는 叶坪村(엽평촌), 沙洲坝(사주패), 云石山(운석산) 등지에 180여 곳의 혁명유적지와 기념건축물이 보존되어 있다.

色政权(홍색정권), 红色娘子军(홍색낭자군), 红色宣传员(홍색선전원), 红色根据地(홍색근거지), 红色资本家(홍색자본가) 등은 모두 혁명투쟁과 연관된 어휘들이다. 특히 '文革(문혁)'[87]시기에는 '红'자가 부가된 많은 새로운 혁명어휘가 탄생했는데, 红卫兵(홍위병), 红宝书(홍보서:문화 대혁명 기간 중 모택동 어록이나 선집을 가리킨 말), 红像章(홍상장), 红五类(홍오류: 모택동을 지지한 학생 조직인 홍위병의 구성 멤버인 노동자, 농민, 혁명 열사, 혁명 간부 및 해방군 등), 红海洋(홍해양: 문화 대혁명 초기 대문·벽 등에 적색 페인트로 빨갛게 칠을 하고 그 위에 모택동의 어록이나 표어를 쓴 것), 红色组织(홍색조직) 등이 있다.

2) 황제의 타락- '黃色'

고대 중국에서 黃色(황색)은 황토, 즉 '땅'의 색으로, 방위의 중앙에 해당하여 임금의 색으로 권위의 상징이자 숭배의 대상이기도 하였다. 한국어로는 '노랑'이나 '노란색'으로 번역되어야 하지만, 한국어에는 한자의 영향으로 '누른색'의 이미지가 강하다. 중국어에서 黃色(황색)은 다양한 종류로 나뉘는데, 正黃(정황), 金黃(금황: 황금색), 淡黃(담황: 맑은 황색), 土黃(토황: 황토색), 蛋黃(단황: 옅은 노

87 역주: '文革'이란 '无产阶级文化大革命'의 준말이다. 마오쩌둥의 주도로 1960년대 후반기에서 1970년대 전반기에 걸쳐 중국에서 일어난 대규모 사상, 정치 투쟁을 가리킨다.

란색), 橙黄(등황: 귤색), 橘黄(귤황: 오렌지색), 鹅黄(아황: 연노랑), 韭黄(구황), 芩黄(금황), 蒼黄(창황: 푸르무레하고 누르스름하다), 蔥黄(총황: 황록색), 焦黄(초황: 누르스름한색), 蜡黄(납황:담황색), 米黄(미황: 미색), 右黄(우황), 鸭黄(압황) 등 다양한 종류로 구분되고 있다.

흙의 색에서 비롯된 황색은 황권(皇权)과 관련되면서 존귀함, 숭고함, 장엄함 등 다양한 문화적 의미를 상징하고 있다. 송나라 주희(朱熹)는 "황색은 중앙에 있는 흙의 正色이다.(黄, 中央土之正色)."이라고 하였는데, 황색은 '五行(오행)'의 '土'와 '五方(오방)' 중의 '中央(중앙)'에 해당한다. 그러므로 황색은 만물이 생장하는 토지를 상징하면서도 동시에 중앙정부의 황권(皇权)과 사직(社稷)을 상징하는 색상이 되었다. 이러한 제왕의 상징은 한족의 시조(始祖)인 황제 헌원씨(皇帝 轩辕氏)가 '土德之瑞(토덕지서)'을 얻고 태어나, 늘 황색 옷과 황색 모자를 즐겨 썼기 때문에 훗날 제왕의 색이 되었다고 한다. 이후 중국의 역대 제왕들은 대부분 黄袍(황포) 및 황용포(黄龙袍)를 즐겨 입었으며, 황색이 가지는 권위의 상징은 서민과 백성들이 황색 옷을 입지 못하도록 금하기까지 하였다.[88] 뿐만 아니라, 제왕이 거주하는 궁전은 모두 황색 유리(琉璃)기와를 사용하였으며, 궁궐 내의 보좌나 가마 등 모든 장식은 모두 황색을 사

88 송나라 王楙(왕무)의 ≪野客丛书(야객총서)≫에는 "당(唐)나라 고조(高祖) 무덕(武德)년 간 초기에는 수(隋)나라 제도를 사용하여, 천자가 황포를 입고, 서민들은 입지 못하게 금지하였다. 황색 옷을 입는 것을 금지하는 것은 아마 이때부터였을 것이다."라는 '황색의 사용금지'에 관련된 내용이 있는데, 이러한 제도는 아마 수당(隋唐)시대로부터 시작된 듯하다.

용하였다. 또한 한(汉)나라에서는 천자를 위하여 일하는 관청을 '황문(黃门)'이라고 하였다.

고대 중국인들은 땅을 기반으로 한 황색은 영원히 변하지 않는 자연의 색을 대표한다고 여겼으며,[89] 또 한족 문화의 발원지였던 황하(黃河)를 '黃龙(황용)'이라고 불렀다. 특히 한족은 그들의 황색 피부가 조상들이 몇 천 년 동안 황하 유역에서 황토지역(黃土地)을 경작하여 황미(黃米)를 먹고, 황하의 물을 마셔왔기 때문이라고 여겼다. 그래서 부유한 관리의 집안에서는 늘 금으로 만든 장식을 하고 다녔으며, 금색 그릇을 사용함으로써 화려함과 부귀함을 과시하기도 하였다. 그리하여 황색은 '황금(黃金)'의 부귀, 영화로움 등을 상징하는 것 이외에도, 왕성한 젊음의 청춘시기를 인생의 '황금시대(黃金时代)'라고 하였으며, 또한 황금의 진귀성(珍贵性)은 늘 색다르게 맞이하는 귀중한 시간을 황금일(黃金日), 황금주(黃金周), 황금월(黃金月), 일각이 천금, 황금의 계절 등으로 부르고 있다. 우리나라에서 휴일이 2일 이상 겹쳐진 주말을 '황금연휴'라고 하는 것도 이러한 유래에서 따른 것이라 볼 수 있다.

황색의 또 다른 상징은 용맹과 노련함을 나타내기도 하는데, 대표적으로 희극(경극)에서 三国剧(삼국극)의 황개(黃蓋)나 전위(典韋)처럼 용맹한 장수들의 검보(脸谱)는 모두 황색으로 나타나고 있다. 또 중국 역사에서 '황건적의 난'으로 불리는 한(汉)나라 말기

---

89 반고(班固)는 ≪白虎通义(백호통의)≫에서 "황색은 온화한 색이다. 자연의 성질은 영원히 변하지 않는다."고 하였다.

太平道(태평도: 黃老道)의 우두머리였던 張角(장각)이 조직한 봉기군들을 '黃巾军(황건군)'이라고 부르는데, 그들이 黃巾(황건)을 머리에 두르고 있었던 것도 용맹한 기상을 나타내기 위한 것이었다.

황색에 대한 숭배는 종교에서도 나타나는데, 동한(东汉)시기에 출현한 '道家(도가)'는 黃老(황노: 黃帝와 老子)의 사상을 숭배하였기에 도교의 도사들이 입는 도포와 쓰는 道冠(도관)은 모두 황색을 사용하였다. 또 티벳에서 전해지는 불교인 게룩파는 황색 옷과 황색 僧帽(승모)를 그 표지로 하고 있어, 黃教(황교)라고 불리어진다. 황교의 법사가 걸치는 袈裟(가사)도 대부분 황색이다. 또 도교에서는 黃纸(황지)로 귀신을 쫓고 액을 물리치는 부적을 그리며 黃纸(황지)로 신령에게 제사를 지낸다.

그러나 현대에 오면서 신성함, 권위, 용맹 등을 상징했던 황색은 서구의 음란서적이 유입되면서 점차 부정적 이미지를 가지게 된다. 18세기 이후, 미국은 일부 색정적이며 음란한 서적을 대부분 황색종이로 인쇄 출판하였는데, '黃色서적'이라고 불리어졌다. 이러한 미국의 문화가 중국에 유입되면서 현대중국어에서 '黃色'은 색정적이며, 음란하여 사회에 부정적인 영향을 미치는 나쁜 의미를 나타내는 대표적인 어휘가 되었다. 예를 들어, 현대중국어에서 황색서적, 황색화보, 황색소설, 황색영화, 황색 비디오, 황색음악, 황색가요, 황색 무도장, 황색 술집, 황색커피점 등과 같이 황색이 수식어로 붙은 어휘들은 모두 음란 혹은 퇴폐와 관련된 용어가 되었다. 그래서 최근 중국정부는 이러한 사회적 폐단을 제거하자는 구호를 '掃黃'(황색을 쓸어내다)이라고 표현하고 있으며, 현대의 중국에서 음란산업이나 음란물, 그리고 퇴폐를 조장하는 다양한 부조리한 사건들을 모두 '黃色(황색)'으로 묘사하고 있다. 예를 들어, 黃源(황원)이나 黃根(황근)[90]은 음란물의 출처를 나타내며, 黃貨(황화)는 음란물을 가리키며, 黃窩(황와)는 음란물을 제조, 판매하는 곳을 가리킨다. 또 음란물이나 매춘 등의 범람 풍조를 黃潮(황조)라고 하고, 음란물의 폐해를 黃害(황해)로 표현하고 있다. 이 외에도, 嗜黃(시황), 販黃(판황: 외설물의 불법 판매), 倒黃(도황), 拒黃(거황), 造黃(조황), 黃毒(황독: 외설적인 서적이나 테이프 따위의 음란물에 의한 빠진 것을 의미함) 등 음란물을 상징하는 다양한 어휘들이 생겨나고 있다.

3) 남성의 추락 - 녹색(绿色)

녹색(绿色)은 봄날, 초지(草地), 삼림(森林), 호수(湖水), 비취(翡翠) 등을 연상시키며, 초목 등의 다양한 식물이 가장 왕성한 생명력을 대표하는 색상이다. 그래서 예로부터 사람들은 녹색을 청춘, 평화, 희망, 안전, 행운, 평안, 신선함 등의 상징의미를 부여하였다. 대개 우리가 인지하는 녹색계열은 '푸른색과 파란색, 남색' 등 세 가지 부류로 구분해 볼 수 있지만, 중국어로 나타나는 녹색의

90 黃根은 본래 한방에서 사용하는 약초의 이름이다.

표현방식 또한 매우 다양하다. 일반적으로 보이는 것에는 碧绿(벽록: 청록색), 翠绿(취록: 짙은 풀의 색깔과 같은 색), 黛绿(대록: 검푸른 빛), 品绿(품록: 짙은 녹색), 油绿(유록: 진초록), 草绿(초록: 초록색), 葱绿(총록: 담록색), 豆绿(두록: 녹두색), 军绿(군록: 국방색), 深绿(심록: 짙은 녹색), 墨绿(흑록: 철의 검은색), 苹果绿(평과록: 연두색), 翡翠绿(비취록: 비취색), 鹦鹉绿(앵무록: 앵무색) 등이 있다. 녹색은 또한 '青色(청색: 푸른색)'과 동일하게 사용되기도 하는데, 青草(청초), 青松(청송), 青藤(청등), 青苗(청묘), 青杏(청행), 青菜(청채), 青果(청과), 青稞(청과), 蛋青(단청), 石青(석청), 青苔(청태) 등의 '青(청)'은 녹색과 같이 쓰인다.

고대 사람들은 녹색으로 봄날을 상징하였다. 예를 들어 "春風又绿江南岸(봄바람에 강남의 언덕은 다시 푸르건만)" 이 구절은 宋나라 王安石(왕안석)이 봄날을 노래한 유명한 시구이다. 고대 민간 신화전설 중 과거 관운(官運)을 나타내는 문규성(文奎星: 文曲星이라고도 함)은 항상 녹색 도포를 입고 있는데, 녹색은 희망과 행운을 나타낸다고 여기기 때문이다. 따라서 옛날 과거시험에 참가한 서생이나 수재(秀才)들은 이 文奎星(문규성)이 합격의 희망과 행운을 가져다 줄 수 있다고 믿었다.

현대에도 녹색은 안전, 희망, 평화를 상징하며, 교통신호에서 녹색등이 안전 통행의 신호를 나타내는 것도 이와 관련이 있다. 그래서 중국어에서 '開绿灯(개홍등: 녹색등을 켜다)'은 상사가 아랫사람에게 모종의 허가 혹은 편리한 조건을 제시하거나 혹은 규제를 완화하는 등 의미를 나타내기도 한다. 최근에는 바람과 모래를 막기 위해 나무를 심어 숲을 만드는 사업을 일컬어 '绿色工程(녹색공정)'이라고 한다.

하지만 자연의 생명력과는 달리, 계급관계에서 녹색은 권위나 위엄 등을 나타내는 흑색과는 대조되어 '보잘 것 없다.' '불명예', '미천하다.' 등 의미를 나타내기도 한다. 예를 들면, 唐(당)나라 때 7품 이하의 관리들은 녹색의 '青衫(청삼: 녹색 저고리)'을 입었는데, 이후 녹색은 하급관리를 나타내거나 혹은 비천함을 상징하게 되었다. 또 '青衫(청삼)'이 가지는 하급관리의 이미지는 白居易(백거이)가 9품의 하급관리인 강주(江州) 司马(사마)로 좌천되면서 썼던 시[91]에서도 볼 수 있다.

특히 宋元(송원)시대에 와서는 하인이나 악공 등이 녹색 옷을 입으면서, 녹색 옷과 녹색 두건 등은 비천한 사람들을 대변하는 복장으로 인식되었다. 더 나아가, 元明(원명)시대에는 기녀와 음악을 하는 남자는 반드시 녹색 두건을 써야 한다고 규정되었다. 당시 吴(오)나라 지역이었던 소주(蘇州)나 곤산(昆山)지역에서는 지금도 여전히 '戴绿帽子(대녹모자: 푸른 모자를 쓰다)'가 불명예스러운 것으로 여기고 있다.[92] 뿐만 아니라, '戴绿帽子'는 거북이의 녹색 머

91 白居易의 ≪琵琶行(비파행)≫ 중에는 "座中泣下谁最多, 江州司马青衫湿(그 중에서 흘린 눈물 누가 가장 많은가, 江州 司馬는 푸른 적삼이 흠뻑 젖었다네.)"의 시구가 있으며, 또 ≪忆微之(억미지)≫에서는 "折腰俱老绿衫中(허리 굽은 노년에 이르러서도 푸른 적삼을 입고 있다네)"라고 표현하고 있다.

92 明나라 郎瑛(낭영)의 ≪七修类稿(칠수류고)≫에는 "吴나라 사람들은 아내가

리와 관련이 있다고 하여 '當王八(당왕팔: 거북이가 되다)'라는 '불명예'의 대명사가 되었다. 이후 만주족인 清(청)나라가 중국을 지배하면서 满族(만주족)과 蒙古族(몽고족)으로 구성된 八旗军(팔기군)에게는 黄色(황색), 白色(백색), 蓝色(남색), 红色(홍색) 등의 깃발을 구성하였지만, 가장 계급이 낮았던 한족 병사들에게 녹색의 깃발을 들게 하였다. 현대 희극의 脸谱(검보)에서도 녹색(绿色)은 흉악함을 나타내는 경우가 많은데, 대표적인 배역이 저승사자인 '青面鬼(청면귀)'이다.

4) 청렴의 퇴색 - 흑색(黑色)

현대중국어에서 암흑가의 깡패나 건달 등과 같이 부정적인 이미지로 대변되는 어둠과 검은 이미지의 흑색, 하지만 고대 중국어에서는 존귀(尊貴), 신비(神祕), 엄정(嚴正), 剛志(굳센의지), 소박(素朴) 등 긍정적인 의미를 상징하는 경우가 더 많았다. 물론 현대에도 역사극(경극) 등에서 나타나는 역사인물의 무대형상은 모두 흑색의 검보(脸谱)로 그려져 여전히 흑색은 '공평무사'나 '청렴'의 상징으로 대표되기도 한다.[93] 아마도 흑색의 긍정적인 이미지는 고

음탕한 짓을 하는 사람을 일컬어 绿头巾(녹두건)이라고 하였다."라는 내용이 있다.

93 唐代(당대)의 尉遲恭(위지공), 宋代의 包拯(포증:포청천), 李逵(이규) 등 역사

대의 '五行(오행)'설과 관련지어 볼 수 있는데, 흑색의 오행은 '水'에 속하며, 방위는 '北方(북방)'을 가리키며, 또 밤(夜)의 어둠, 경건, 신비 등 의미를 상징하였다. 고대 중국의 하(夏)나라와 진(秦)나라에서는 검은색을 숭배하였는데, 황제뿐만 아니라 공경대부(公卿大夫)들의 관복이나 예복, 그리고 제복(祭服) 등도 모두 흑색으로 구성되었다.

물론 중국인의 음양대립의 사유방식이 보여주듯이, 고대에도 흑색의 어두움은 긍정의 상징만이 아닌 부정의미를 동반하고 있었다. 고대 중국의 형벌 중의 하나인 '경(鯨)'은 묵형(墨刑)[94]이라는 형의 집행과 관련이 있는데, 先秦(선진)시대의 묵형은 범인의 이마 혹은 얼굴에 먹물로 그림이나 글자(刺字)를 새겨 넣어 범인의 얼굴에 영원히 지울 수 없는 치욕을 남게 된다. 그래서 지금까지도 '抹黑(말흑: 먹칠하다)'란 말은 '체면이 깎이다(손상되다)'라는 부가적인 의미로도 사용되고 있다. 또 흑색은 나쁜 일을 한 사람이 죽으면 간다는 '지옥(地獄)'을 상징하기도 한다. 이 때의 지옥은 빛이 없는 어두움을 나타내면서, 밝음의 상징인 광명(光明)과 상대적인 개념을 나타낸다. 그리하여 흑색은 黑暗(흑암: 암흑같이 어두운), 死亡(사망: 죽음), 邪恶(사악), 阴险(음험), 恐怖(공포) 등의 강한 부정적인 이미지를 대표하는 색깔이 되었다.

인물의 무대형상이 모두 흑색의 검보(脸谱)로 그려져 여전히 검은색이 '공평무사'나 '청렴'의 상징으로 대표된다.

94 ≪书·吕刑≫에는 "爰始淫为 劓, 刵, 椓, 鯨"라고 기재되어 있다.

현대 중국에 와서는 정의나 법에 반하는 행위 혹은 행위를 하는 사람을 상징하게 되었는데, 특히 文革(문혁)시기에 흑색은 반혁명분자나 반동분자 등을 나타내는 대칭으로 활용되면서 '반동(反动)' 혹은 '불법(不法)'의 이미지를 갖게 되었다. 즉 문혁 당시에는 타도해야 하거나 비판받는 대상에게 '黑(흑)'자를 붙여, 강한 정치색채를 지닌 부정적인 어휘를 만들어내는 형태소로 활용되었다. 예를 들어, 黑帮(흑방: 반동 조직이나 그 구성원, 암흑가의 조직), 黑会(흑회: 불법적인 비밀회의, 불법 모임), 黑帽(흑모), 黑牌(흑패: 외국인 명의로 된 중국인 소유의 차), 黑纲领(반동적인 강령), 黑后台(흑후대: 막후 인물, 배후자), 黑参谋(흑참모), 黑秀才(흑수재), 黑文章(흑문장), 黑五类(흑오류: 지주나 부농, 반혁명 분자, 악질분자, 우파분자 또는 그 자녀) 등이 있다. 또 점차 간악하고 음흉한 사람을 표현할 때 비유용법으로 파생되어 사용되었는데, '黑手(흑수, 검은 마수), 黑心(흑심: 나쁜 마음, 나쁜 심보)' 등이 대표적인 어휘이다. 또 어두움을 나타내는 '暗(암)'과 결합하여 구성된 '黑暗(흑암)'은 비겁, 기만 등의 추상적 의미로 파생되었으며, 현대사회에서 유행하는 대표적인 어휘에는 黑社会(흑사회: 법규를 지키지 않는 무리나 파벌을 가리킨다.), 黑户(흑호: 정식 호구가 없는 주민), 黑车(흑차: 무면허 차량), 黑人(흑인: 호적에 오르지 않은 사람), 黑货(흑화: 세금을 내지 않거나 밀수한 화물이나 상품), 黑市(흑시: 가짜상품을 파는 시장 혹은 사사로이 증권이나 외화를 교환하는 장소), 黑名单(흑명단: 구사회 혹은 반동당국이 체포할 인물을 적어놓은 명단) 등 많은 부정의미의 어휘들이 탄생하였다.

이 외에도 '黑(흑)'은 '악독하다'라는 의미로 파생되어 '手狠心黑(수랑심흑: 수법이 악랄하고 음험하다.)' 등의 사자성어와 더불어 물건을 사고 팔 때 높은 가격으로 사람을 갈취하는 것에도 '黑'을 붙여서 표현한다.

5) 선악(善恶)의 대치 - 백색(白色)

고대중국어에서 백색(白色)은 바탕색(素色)이라고도 하여 색상이 없는 것, 색상이 덧입혀지지 않은 것으로 대개 자연의 흰색을 비유하여 표현하였다. 현대중국어에서 많이 보이는 雪白(설백: 눈처럼 희다)나 蛋白(단백), 玉白(옥백), 葱白(총백: 아주 연한 남빛), 银白(은백색), 灰白(회백색), 藕白(우백: 연뿌리색), 粹白(순백), 花白(화백), 魚肚白(어두백: 청백색) 등 자연의 사물을 비유하여 다양한 백색을 표현하고 있다.

백색의 긍정의미는 앞의 다양한 흰색에서 볼 수 있듯이, 흰 구름, 흰 눈, 백옥 등과 같이 자연 그대로의 흰색으로 고결, 순결, 명랑, 깔끔함, 고상, 우아, 순수, 솔직함, 광명 등을 상징하고 있다. 그래서 고대 사람들은 갑자기 나타난 흰 짐승, 대표적으로 흰 사슴, 흰 학, 흰 늑대, 흰 꿩, 흰 제비. 흰 기러기 등은 상서로운 기운을 가져온다고 여겼다. 사자성어(四子成語)에도 '清白无邪'(청백무사: 맑은 백색은 사악함이 없다)나 '洁白如玉'(결백여옥 : 옥과 같은 맑은 색)과 같이 맑은 의미를 지닌 '清(청)', '洁(결)'과 결합하여 '맑음, 깨끗함'을 상징하고 있는데, 白鶴仙子(백학선자)나 白衣仙子(백의선자), 그리고 白衣秀士(백의수사) 등은 '白(백)'자만으로 세속에 물들지 않은 도사와 같은 사람을 비유하기도 한다. 현대에도 간호사를 '백의전사(白衣战士)' 혹은 '백의천사(白衣天使)'라고 불리는 것은 여전히 백색이 가진 고유의 문화현상으로 파악할 수 있다.

물론 백색에도 부정적인 의미가 존재하는데, 색깔이 덧칠해지지 않은 아무것도 없는 바탕의 상징은 학식이 없는 무식자나 지위가 없는 평민, 그리고 현대에는 더 나아가 '사악함'이라는 강한 부정의미로 파생되어 나타난다. 지위가 없다는 것은 본래 서민을 대표하는 의복이었던 '白衣(백의)'[95]에서 비롯되는데, 서민 중에서 학식이 없거나, 지위가 없는 사람을 '白丁(백정)'이라 불렀으며, 가난한 사람의 초가집을 '白屋(백옥)'이라 불렀다. 그리하여 백색은 계급이 낮거나 가난한 사람들에서 '비천함'의 대명사가 되었다.

이러한 백색의 이미지는 전쟁에서 패한 쪽은 '백기(白旗)'를 들어 투항한다는 것을 표시하거나, 우매하고 지능이 낮은 사람을 일컬어 '백치(白痴)'라고 하는 것 등에서 실패, 헛수고, 우매함을 상징하는 의미로 파생되었다. 더 나아가, 백색은 우매(愚昧), 무익(无

95 중국에서는 한(漢)나라에서 唐(당)·宋代(송대)에 이르기까지 '庶人以白为服(서민들은 흰색으로 옷을 지어 입었다)'라 하였다. 즉 당시 흰색으로 옷을 입은 사람들은 대부분 서민들이었으므로, '白色'은 서민을 대표하는 어휘가 되었다.

益)의 비교적 약한 부정에서 흉상(凶喪), 반동(反动), 간사함, 음험함 등 더 강한 부정적 이미지로 확대되었다. 특히 백색이 가진 '흉상(凶喪)'의 이미지는 동물과도 연계되는데, 중국의 점성가들은 흉악한 사람을 '백호성(白虎星)'[96]이라 불렀다. 이러한 문화현상은 중국의 국극인 경극(京剧)의 검보(脸谱)에서도 진나라의 조고(赵高)나 삼국시대의 조조(曹操), 明나라의 엄숭(严崇) 등이 백색의 검보(脸谱)를 지니는데, 중국 역사에서 권력을 가지기는 하였으나 영웅(英雄)이라기보다는 간웅(奸雄)의 상징으로 표현되고 있다.

또 백색의 부정적 이미지는 고대 중국의 오행사상에서 백색을 해가 지는 서쪽과 만물이 시들어가는 가을을 대비시키면서, 인생의 끝자락 혹은 죽음과 비유하여 설명하기도 하였다. 중국민족 중에서도 한족(汉族)은 서쪽과 백색을 불길한 것으로 기피하였으며, 고대에는 사형수의 사형 집행 또한 대부분 가을에 하였다고 한다. 이러한 한족의 문화 풍습은 백색으로 죽음을 나타내기도 하였는데, '一命歸西((일명귀서: 하나의 생명이 서쪽으로 돌아갔다.)'에서 '西'는 죽음을 의미한다.[97] 그래서 사람이 죽으면 상주들은 흰색의 상복을 입었으며, 상복은 자녀들이 효도를 하는 복장이라고 하여 '孝服(효복)'이라고도 불렀다. 또 장례의 의례에는 자연히 백색

96 고대 중국의 오행설(五行说)에서 '서방(西方)'과 '金'의 은색에 '七星'을 합쳐 '백호(白虎)'라고 칭한 것에서 유래되었다고 한다.

97 ≪礼记·郊特牲≫에서는 "소복(白衣)으로 장례를 치르다.(素服, 以送终也)"고 말하고 있다.

의 제당을 차리고, 출관할 때는 흰색의 종이 깃발을 들고 흰색의 종이돈을 뿌리는 풍습 또한 이러한 문화현상에서 유래되었다. 그래서 집안에서 가장 큰 행사라도 할 수 있는 결혼과 장례를 동시에 가리켜 '红白事(홍백사)'라고 지칭하기도 하였으며, 여기에서 '红事(홍사)'는 결혼을 의미하며, '白事(백사)'는 '喪事(상사: 초상을 치르는 것)'를 가리킨다.

이후 백색이 가지는 죽음의 이미지는 '凶常(흉상)'의 의미로 파생되어 쇠퇴, 부패, 반동, 낙후 등 더 넓은 부정의미로 나타나게 된다. 그리하여 백색은 홍색의 혁명과 대비되는 반동의 이미지를 가져오게 되었다. 예를 들어 중국은 과거 국민당 통치구역을 '白區(백구)'라 불렀으며, 반동정부를 '白色政府(백색정부)'로, 반동 정부군을 '白軍(백군)'이라고 불렀다. 또 백성을 직접적으로 해치는 土匪(토비/토적)들을 '白匪(백비)'나 '白狗子(백구자)'라고 불렀다. 뿐만 아니라, 반동세력이 집권하여 혁명세력을 탄압하거나 진압하는 정책을 '白色恐怖(백색공포)'라 불렀다. 때로는 자산계급을 '白色(백색)'이라고도 불렀으며, 소위 '자산계급 전문가'라는 사람들이 학술사상을 비판하는 것을 '拔白旗(발백기: 백기를 뽑다)'라고 하였다.

2. 중화요리와 인물형상

중화요리는 다양한 식재료와 요리의 종류만으로도 세계적으로 정평이 나 있지만, 중국 특유의 조리방식이나 다양한 식재료 또한 요리이름에 그대로 투영되어 나타나는 것 또한 중국의 음식문화가 가지는 특징이다. 또 이러한 요리방식에 관한 어휘들은 음식이 만들어지는 요리과정이나 다양한 재료의 변화양상, 그리고 맛의 특징들을 인간의 사회생활에 비유하거나 인간의 다양한 모습을 풍자하는 언어로 많이 사용되고 있다. 따라서 여기에서는 중화요리의 이름을 통해 중국인의 언어사유에서 나타나는 중국문화의 다양한 모습들을 살펴보고자 한다.

중화요리의 특징은 다양한 모양이나 음식재료가 가지는 속성 등이 조리방식이나 이름에 드러나는 경우가 많은데, 이러한 특징은 비유나 과장 등의 문학적 수사방식을 통해 사람의 외모나 성격, 심리상태, 행위 등을 묘사하는 경우가 많다. 예를 들어, '橘子皮(귤자피: 귤껍질)'는 주름이 많은 사람의 얼굴을 비유하고 있으며, '豆芽菜(두아채: 콩나물)'는 너무 마른 사람을 비유할 때 사용한다. 또 조리방식을 통한 인간의 묘사에는 대개 한국어에서도 힘들게 살아가는 인생의 힘든 과정을 지지고, 볶고 등으로 표현하듯이, 중국어의 煎(전: 지지다), 炒(초: 볶다), 熬(오: 졸이다), 爆(폭: 튀기다) 등은 어려운 인생역정이나 사람의 급한 성격 등을 묘사하는데 비유적 수사방식으로 사용되고 있다.

1) 조리방식과 인생역정의 표현

단순히 한자의 해석을 통해 보게 되는 중국의 요리방식은 한국의 요리방식과 크게 차이가 나 보이지는 않으며, 요리방식을 통해 반영되는 그들의 생활모습 또한 유사한 점이 많다고 할 수 있다. 대개 한국의 부침개 혹은 계란프라이(煎蛋)가 생각나는 '煎(전: 부치다/지지다)과 볶음밥(炒饭)으로 대변되는 '炒(초: 볶다)', 그리고 최근 한국에서 유행하는 '치맥'을 구성하는 炸鸡(닭튀김)이 생각나는 '炸(작: 튀기다/데치다)'과 '爆(폭: 끓는 기름에 살짝 튀기다/데치다)'이 있다. 또 우리가 '밥을 하다'라고 할 때 사용되는 '煮饭'에서의 '煮(자: 삶다)'와 곰국이 생각나는 '熬(오: 졸이다)', 그리고 찐만두가 생각나는 '蒸(증: 찌다)' 등의 요리방식은 그래서인지 보다 쉽게 이해할 수 있을 것 같다. 뿐만 아니라, 이러한 요리방식을 인간 생활의 단면에 비유한 문화해석도 한국의 비유어와 크게 다를 것이 없는데, 대개 요리하는 과정에서 나타나는 재료의 변화되는 과정이나 상태, 그리고 요리 재료에 대한 비유 등이 어우러지면서 인간이 사회생활에서 겪게 되는 다양한 삶의 현장을 그대로 묘사하거나 부정적인 성격을 비판, 풍자하고 있다.

먼저 '煎(전: 부치다, 지지다)'은 깊이가 얕은 프라이팬에 기름을 붓고 전(부침개)을 부치거나, 야채나 두부, 생선 등을 지지는 방식으로 요리하는 것으로, '煎鱼(전어: 생선구이)', '煎豆腐(전두부: 두부구이)' 등과 같이 '구이'나 '전(煎)'으로 이름 지어진 것들이 여기에 해당한다. 단순히 '전'이나 '구이'라는 이름에서는 큰 특징을 발견할 수 없지만, 대개 뜨거운 기름에 '지져지는' 요리재료의 모습에서 사람들이 실패를 하거나 혹은 괴로움을 당하는 쓰라린 모습을 연상하게 한다. '煎'이 나타내는 고통의 대표적인 예는 삼국시대 조식(曹植)의 '칠보시(七步诗)'에 보이는 "本是同根生, 相煎何太急"라는 시구(诗句)의 '煎' 또한 그의 형 조비(曹丕)의 괴롭힘을 비유해서 사용되고 있다. 또 뒤에 설명될 '熬'와 결합한 '煎熬(전오)'는 '시련을 겪다. 시달리다' 등의 의미로 파생되었다.

'炒(초: 볶다)'는 최근 비유어에 많이 활용하는 요리방법 중의 하나로, '炒饭(초반: 볶음밥)'이나 '炒生菜(초생채: 야채를 볶다)'처럼 약간 깊이가 있는 프라이팬에 불꽃이 일게 요리를 하는 행위를 볼 수 있다. 대개 '炒'는 한국어에서 상대방에게 간섭을 심하게 하는 모습의 '볶다, 들볶다' 등과 같이 사용되어, 대개 사람 사이의 간섭이나 혹은 직업 등의 상업 행위에서 비유어로 많이 쓰인다. 예를 들면, 흔히 '쫓겨나다 해고하다'의 의미를 지닌 '炒鱿鱼(초우어: 해고하다)'는 '짐을 싸다'라는 '卷铺盖(권보개)'를 대체하여 나타났는데, 지금의 현실과는 달리 옛날에는 직장에서 사장의 해고한다는 말 한마디에 바로 짐을 싸서 나와야 했는데, 해고당한 사람은 쫓겨나거나(开除) 혹은 해고(解雇)라는 소리를 듣기 싫어해서 '卷铺盖(권보개)'라는 완곡 표현으로 사용하였다. 이후 언제부터인지는 몰라도 '炒鱿鱼(초우어)'가 사용되었는데, 이것은 오징어를 볶을 때 오그라드는 모습이 마치 보따리를 쌀 때의 모습과 유사하여 '炒鱿

鱼(초우어)'를 '卷铺盖(권보개)'의 상징용법으로 사용하게 된 것이라고 한다. 그런데 지금은 현실의 사태를 반영하듯이, 이와 반대의 의미를 가진 '炒老板鱿鱼(사장을 해고하다)'라는 비유어가 나왔는데, '炒老板(초노판)', '炒经理(초경리)'으로 직접적으로 쓰이기도 한다. 이외에도, 중국에서 '炒'를 활용한 비유어들이 매우 많은데, '炒卖(초매: 전매하다)', '炒外汇(초외회: 투기를 목적으로 외화를 전매하다)', '炒股票(초교표)', '炒冷饭(중복해서 하는 말' 혹은 '이전에 했던 일)' 등 기존에 유행했던 말과 더불어 최근에는 '炒黄金(초황금)', '炒地皮(초지피)', '炒绿豆(초녹두)', '炒大蒜(초대산)', '炒新闻(초신문)', '炒话题(초화제)' 등도 사용되고 있다.

'爆(폭: 기름에 살짝 튀기다)'는 펄펄 끓는 기름에 살짝 데치거나 혹은 펄펄 끓는 물에 살짝 삶는 것을 말하는데, '爆'의 폭발하는 느낌은 중국의 요리에서 야채소스를 만들 때 보는 불꽃쇼를 연상하게 한다. 대표적인 파생어휘로는 '爆冷门(폭냉문)', '爆棚(폭붕)', '爆满(폭만)', '火爆(화폭)' 등이 있으며, '爆了一大冷门'은 '생각지도 못한 일이 갑자기 발생함'을 의미하며, '爆棚'은 '사람이 많아 빈자리가 없음'을 의미한다.

'煮(자: 삶다)'의 비유적 용법은 '煮饺子(만두를 삶다)'는 사람이 많음의 의미하며, '生米煮成了熟饭(생쌀로 익힌 밥을 만들다)'은 '사실을 고칠 방법이 없음'을 의미한다. '熬(오: 졸이다)'의 과정은 오랜 시간이 필요하기 때문에, '마냥 시간을 보내다' 혹은 '하릴없이 나날을 보내다'의 의미로 사용된다. 대표적인 예로는 '熬夜(오야: 밤을 지새다)', '这些年总算熬过来了(요 몇 년간 그럭저럭 버텨왔다)', '熬年头(마냥 시간이나 나날을 보내다)', '三十年的媳妇熬成婆(며느리생활 삼십년을 견디고 드디어 시어머니가 되었다)' 등의 용법 등이 있다.

'蒸(증: 찌다)'은 '수증기의 뜨거운 열기를 이용하여 음식을 익히는 것'을 말하는데, 대표적인 요리로는 '蒸饺(증교: 찐만두)'가 있다. 이러한 '蒸(찌다)'의 응용은 '蒸蒸日上', '人间蒸发', '不蒸满头争口气' 등의 용법들이 있다.

2) 취식행위와 행동방식의 표현

'취식(取食)'행위란 '음식(食)'을 '먹는(吃)'행위와 관련된 동작방식으로, '尝(상: 맛보다)', '啃(습: 입 다시는 소리)', '嚼(작: 씹다)', '品(품: 품평하다)', '吞(탄: 삼키다), 咽(인: 삼키다, 목메다)', '噎(일/열: 목메다)', 饱(포: 배부르다), 撑(탱: 버티다) 등 다양한 한자들이 있다. 이러한 한자들은 일단 사람이 음식을 앞에 놓고 손으로 들고 입으로 가져가서 먹는 행위와 그 이후에 나타나는 상태나 현상들을 묘사하는 행위까지를 포함하고 있다. 비록 배가 고파서 주어진 음식을 먹는 행위는 대체로 유사하게 나타나겠지만, 음식을 먹는 습관은 반드시 일치하는 것은 아니다. 예를 들어, 격식을 차려서 먹는 행위와 허급지급 먹는 행위는 분명히 다르게 나타날 것이며, 또 음식을 식당에서 먹느냐 들판에서 먹느냐에 따라 서 그 취식행위는 다르게 나타날 것이다. 이러한 다양한 취식행위는 서로 비교되면서 새로운 파생의미를 만들어 내는데, 보다 쉽게 파생이 되는 의미범주의 한자는 더 많은 상징적 의미를 지니게 된다.

우선 '남의 것을 탐내다'의 의미를 지닌 '馋(참: 탐하다)'이나 垂涎(수연: 침을 흘리다, 탐내다) 등은 차려진 음식이나 다른 사람이 먹는 행위나 음식을 보고 드러나는 행위나 모습을 시각기호인 한자로 형상화 한 것이다. 즉 다른 사람이 먹는 음식이 먹고 싶어 하는 것을 '嘴馋(취참: 식탐하다)'라고 하는데, 이것은 다시 '眼馋(안참: 눈독들이다)', '垂涎欲滴(수연욕적: 먹고 싶어 침을 흘리다)', '垂涎三尺(수연삼척: 침이 주르륵 흐르는 모습을 연상하게 함)' 등으로 파생되었다. 또 초급회화에서도 볼 수 있는 '맛보다'의 '尝'은 본래의 의미인 미각(美觉)범주에서 '尝试(시도해보다)'의 행위(行为)범주로 파생되었고, 다시 '尝尽了苦头(고통을 맛보았다)', '尝尝我的厉害(나의 예리함을 맛보다)', '尝尽了甘苦(쓴맛과 단맛을 다 맛보았다)', '备尝艰辛(비상간신: 고생에 부딪힐 준비가 되어있다)', '饱尝老拳(포상로권: 강한 주먹을 맛보다)' 등 추상적인 감각(感觉)범주로 파생되었다.

둘째, '먹다'의 가장 일반적인 범주인 '吃'는 본래 '吃饭'처럼 인간이 먹을 수 있는 '음식'과 연결되어야 하는데, 도저히 먹을 수 없는 것들과 조합되어 논리에 맞지 않게 결합된 어휘들이 있다. 예를 들면, '吃食堂'은 식당을 통째로 먹은 것이 아니라, "在食堂吃(炒面)。"와 같이 "식당에서 (볶음면)을 먹었다"는 것이 된다. 이처럼 중국어 구문에서 공간에 대한 활용은 어쩌면 한국어에서 시간(아침, 점심, 저녁)을 먹는 시간활용과 비교해서 사유해 볼 수 있는데, 중국어 '吃'에는 또 한국어의 '(등쳐)먹다'의 의미와 유사한 쓰임도 있다.

> 真的，这是他由一部历史提出的一个最妥当的结论：幼年吃父母；长年，假如能做了官，吃老百姓；老年吃儿女。
>
> (老舍≪四世同堂≫)
>
> 정말, 이것은 그가 역사에 근거해서 내린 가장 타당한 결론으로, "어려서는 부모를 (우려)먹고, 장년에는 관직을 하면 백성을 (우려)먹고, 늙어서는 자녀를 (우려)먹는 것"이다.

위의 예문에서 타동사로 쓰인 '吃'는 단순히 음식을 먹는 행위로 사용된 것이 아니라, 예문의 해석에서 사용된 한국어처럼 '우려먹다'를 활용하거나 또는 조금 과격한 말투이긴 하지만 '등쳐먹다' 정도로 사용할 수 있을 것이다. 즉 위의 예문에서 '吃父母'는 단순히 부모를 잡아먹은 것이 아니라, 부모가 자식들의 생활 방편이 된다는 것을 의미한다. '吃老百姓'은 관직을 한다는 것은 백성들이 낸 세금으로 월급을 타서 살아간다는 것이며, '吃儿女'는 자식에게 봉양을 받는다는 것을 의미한다.

이러한 '吃'의 용법은 자연스럽게 생활 속에 운용되고 있는데, 상해 방언에서 유래된 '吃软饭(부드러운 밥을 먹다)'은 남자가 돈을 벌지 않고 놀면서 여성에 빌붙어 살아가는 것을 의미한다. 물론 현대에 와서는 현실을 반영하듯이 '吃软饭'은 남녀 모두에게 응용하고 있으며, 또 최신 현실을 반영하듯 '软件(소프트웨어)'에서 유행하여 '전자' 관련·업종에서 돈을 버는 사람들을 비유한다고도 한다.

셋째, '吃'의 또 다른 '먹다'의 은유적 특징은 우리가 축구 경기에서 '한 골 먹었다'고 말하는 것처럼, 음식과 전혀 관련 없이 '피동'의 의미로도 사용된다. 예를 들면, '吃了一拳'에서는 주먹을 한 입에 먹는 것이 아니라, 다른 사람에게 '(주먹으로) 한 대 맞았다'의 의미가 된다. '吃'의 이러한 피동의미로 사용된 또 다른 사례로는 '吃官司'가 있는데, 여기에서는 '打官司(소송을 걸다)'와 반대되는 의미로 '소송을 당하다'의 의미로 해석된다.

3) 음식도구와 현실생활의 반영

'锅(과guo:솥)'은 밥이나 국을 끓이는 가장 흔한 취사도구로, 최근에는 전기밥솥이 나와 농촌이 아니면 보기 힘든 솥이다. 중국에서 흔히 '평균주의'의 비유어로 사용되는 '大锅饭(대과반)'이 있는데, 본래 많은 사람이 한꺼번에 먹을 수 있을 만큼 큰 솥을 말한다. 우리나라에서도 사찰에 가면 많은 신도(信徒)들의 공양을 위해 만든 큰 솥을 비교해 보면 쉽게 이해될 수 있을 것이며, 최근 여러 지자체(地自体)에서 100인분 솥을 관광용으로 만들었지만, 전혀 활용이 되지 않아 비판을 받고 있는 뉴스도 있다. 또 다른 솥을 활용한 어휘에는 '背黑锅(배흑과)'라는 것이 있는데, "검은 솥을 등지다"의 해석처럼 다른 사람을 대신해 피해를 보거나, 남의 잘못을 뒤집어썼을 때에 사용된다. 성어 중에서 '모든 대가를 아까워하지 않다'의 의미를 지니는 '砸锅卖铁(잡과매철)'은 '솥을 깨뜨려 쇠로 팔다'의 자구해석에서처럼, '砸锅(잡과)'는 '솥을 눌러 으스러뜨리다'의 뜻에서 '일을 그르치다.' 등으로 파생되었다. '找米下锅(조미하과)'는 '쌀을 찾아서 밥을 안치다'의 의미로 '스스로 일을 해결할 방법을 찾다'의 의미를 지닌다. 본래 '下锅'는 밥을 할 때 쌀이나 야채를 솥에 넣는 것을 말하는데, '无米下锅', '借米下锅(밥할 쌀이 없이 가난함)', 买米下锅(집에 쌀이 없어 사와서 밥을 지음=가난함), 等米下锅(등미하과: 적극적으로 문제를 해결하려하지 않고 소극적으로 행동함), 造米下锅 등의 다양한 용도로 사용되고 있다.

'碗(완: 그릇)'은 등소평의 개혁개방 이후에, 우리가 직업을 밥그릇이라고 하듯이, 중국 또한 직업의 의미로 많이 사용되고 있다. 먼저 '泥饭碗(니반완)'은 '진흙으로 만든 밥그릇으로, 국가의 보장을 받는 전민공유제(全民公有制)의 안정된 직업과는 달리 보장을 받지 못하는 집체(集体) 혹은 개체(个体)소유제의 직업을 의미한다. 따라서 일을 함에 있어 담보가 없어 미덥지 못하거나, 언제나 실직의 위험 부담을 안고 있는 현대의 불안전한 직업 등을 대표하고 있다. 반대로 '铁饭碗(철반완)'은 쇠로 만든 그릇은 잘 깨지지 않는 것처럼, 좋은 직장이나 수입이 안정된 직업을 가리킨다. 우리나라의 '철밥통'과 같이, 현대의 중국 또한 은행원, 대기업이나 공무원, 연초(담배), 전력 등 국가산업과 관련된 직업에 종사하는 것을 가리킨다. 또 '金饭碗(금반완)'은 옛날 황제가 먹는 밥그릇에서 유래되었으며, 민간에서는 '金饭碗(금반완)'을 얻으면 평생을 밥걱정 없이 살 수 있다는 이야기들이 전해지고 있다. 현대에는 국가의 녹을 먹는 일을 하는 사람, 즉 공무원이 여기에 해당한다고 할 수 있다. 최근 우리나라의 청년들이 직업을 구하지 못하는 현실에서 대기업이나 부자들의 자녀들이 돈을 물 쓰듯 사용하는 '금수저'에 비유하곤 한다. 이외에도 牢饭碗(뇌반완: 안정된 직업을 비유함=铁饭碗), 衣饭碗(의반완: 생존을 위한 직업=衣食饭碗), 砸饭碗(잡반완: 실업=失业) 등 유사한 관련용어들이 있다.

'瓶(병)'은 액체를 담는 용기인데, 지식이나 학식을 담는 그릇으로 비유되곤 한다. 먼저 오미자가 연상되는 '五味瓶(오미병)'은 그 본의는 '다섯 가지 맛이 모두 갖추어진 병'을 의미하고 있으나, 이렇게 다섯 가지 맛을 완전히 갖춘 것은 없다고 할 수 있다. 그래서 옛날 사람들은 평생을 살아가면서 느끼는 다양한 고생이나 고통을 다섯 가지 맛에 비유하였는데, 마음이 복잡하여 견디기 힘들거나, 세상일이 너무 많음을 나타낸다. '半瓶醋(반병초: 반 병의 식초)'는 '半瓶子醋'라고도 하며, '하나를 배우면 반쯤 이해한 지식이나 기술'을 의미하는데, 남부지방에서는 '半桶水'라고 하기도 한다. 대개 지식이나 기술이 모자라면서 잘난 척 하는 사람을 비꼬기도 하는데, 한국어에는 '병'이 아닌 '길이'를 활용한 '반푼이'나 '팔푼이' 등이 있다. 또 유사한 의미로는 '一瓶子不响，半瓶子晃荡(한 병은 울리지 않지만, 반병은 흔들린다.)'나 '一瓶子不满，半瓶子晃荡'

란 구절이 있는데, 한국어의 '빈 수레가 요란하다'는 의미와 같다. 또 '新瓶装老酒(새 병에 오래된 술을 담다)'는 '외관을 바꾸었지만 내용물은 변화 없음'을 나타낸다.

'壶(찻주전자: 사진)'는 모양 그대로 주둥이가 작고 속이 깊어 내용물이 잘 보이지 않는데, '茶壶里煮饺子(차 주전자에 만두를 삶다)'는 상대방이 뭔가를 감추고 있다는 것을 나타낸다. 즉 사람의 마음속은 잘 보이지 않아, 감추어진 복심(腹心)을 읽어내지 못함을 나타낸다. '盘(반: 쟁반)'과 '碟(설: 접시)'도 서로 크기의 비교를 통해 사람에 대한 중시(重视)와 경시(轻视)를 대변하기도 한다. 사실 최근의 '盘(반)'과 '碟(설)'은 그 크기의 종류가 많고, 대부분의 사람들이 특별히 구별하여 사용하지를 않는다. 다만 여기에서는 '盘(반)'은 밥이나 반찬, 그리고 국 등이 담겨진 몇 개의 '碟(설)'을 한꺼번에 담아서 다량으로 나르는 큰 쟁반을 연상하면 된다. 반면 '碟(설)'는 요리나 야채 등을 하나하나씩 담아서 바로 먹을 수 있도록 식탁에 차려진 반찬 그릇으로 보면 된다. 따라서 '碟(설)'이 '盘(반)'보다 작고 훨씬 가벼운 것으로 인식되어, '看人下菜碟(다른 사람을 요리접시 아래로 본다)'는 것처럼 사람을 경시하거나 차별대우를 할 때에 사용된다. 또 '小菜一碟(소채일설)'은 '아주 쉬운 일'을 나타낸다. 이처럼 '盘(반)'과 '碟(설)'은 서로 대비되어 나타나는 것 이외에도, '碟(설)'보다 더 작은 '杯(배)'도 '杯盘狼藉(배반낭자)'처럼 '盘'과 함께 쓰여 '식사 이후에 (잔과 쟁반이 정리되지 않아) 탁자가 엉망인 상태'를 나타낸다.

'刀(도)'는 칼날의 날카로움을 이용한 다양한 용례가 있는데, '上刀山(도산에 오르다)'은 '上刀梯'[98]라고도 하며, 말 그대로 칼날 혹은 칼로 된 계단에 올라간다는 의미로, '매우 위험한 일'을 하는 것을 비유하고 있다. '二把刀(이파도)'는 옛날 기와 장인들이 여름과 가을에는 기와를 자르고, 일이 없었던 겨울과 가을에는 무를 자르는 두 가지에 칼을 이용하면서 유래된 말로, 두 가지 일을 함으로써 전문적이지 못하여 '지식이 모자라거나 기술이 숙련되지 못한 것'을 비꼬아 표현할 때 사용한다. 또 '软刀子(연도자)'는 자구해석처럼 '부드러운 칼'이 아니라, 사람들이 그것이 칼인지도 모를 부지불식간에 고통을 당하거나 피해를 입게 되는 것을 비유한다. 이 외에도, 칼 같은 입으로 남의 폐부를 찌르는 '刀子嘴(도자취)'는 '견해가 날카로움'을 비유하며, '刀架脖子上'는 칼이 목에 걸려있다는 자구해석처럼 '큰 위기에 처해 있음'을 나타낸다. 이처럼 칼은 그 날카로운 모습처럼 우리 생활에서 유용한 도구이긴 하지만, 인간들의 생활의 경험에서 오는 위해(危害)나 아픔으로 인해서 부정적인 의미로 사용되는 경우가 많다.

---

98 우리나라에서 무당이 칼춤을 추면서 칼 위에 올라가 묘기를 부리듯이, 중국의 소수민족인 묘족(苗族)은 12미터의 높이에 72개의 칼로 된 계단을 만들어 올라가는 묘기를 부리는 그들만의 전통 체육활동을 하게 되는데, 이것을 '上刀梯'라고 한다.

4) 중화요리와 전통문화

① 火锅(화과)와 신선로(神仙爐)

'火锅(화과:사진)'는 말 그대로 '뜨거운 솥'을 의미하며, 고대에는 펄펄 끓고 있는 뜨거운 물에 고기를 넣으면 '咕咚(고동)'하고 소리가 난다고 하여 '古董羹(고동갱)'이라고 불렀다고 한다. 대개 요리방식은 '샤브샤브'라고 하면 쉽게 이해할 수 있으며, 홍콩에서는 hotpot(전기냄비)[99], 한국에서는 '신선로(神仙爐)'라고 하여 모두 '솥'을 중심어로 하고 있는 점이 같다. 즉 요리재료나 방식이 아닌 요리도구를 가지고 이름을 지은 요리이름이다. 요리의 탄생 배경에는 옛날 칭기즈칸이 영토 확장을 위한 전쟁 중에 병사들이 투구에 물을 끓여 야채와 고기를 살짝 데쳐먹었다는데서 유래되었다는 설도 있고, 제갈량이 백성들이 물을 끓여서 야채와 고기를 데쳐먹는 것을 보고 전쟁 중에 병사들의 배탈을 예방하기 위해 비슷한 방법으로 익혀 먹었다는데서 유래했다는 설이 있다.

99 영국식의 'hotpot'은 스튜의 일종이나, 미국식에서는 냄비를 의미하기도 한다. 중국어에서도 고대의 이름이었던 '羹(갱)'은 스프와 같은 '죽'을 의미한다.

② 月饼(월병)과 송편

月饼(월병)은 중추절에 먹는 달의 형상을 하고 있는 과자모양의 중국식 떡으로, 우리나라의 추석에 송편(松鯿)[100]을 만들어 먹는 것과 같다. 보름달처럼 둥글게 만들어 '团圆(단원)'과 '和睦(화목)'을 상징한다. 이처럼 중국에서 '月饼(월병)'을 먹는 것은 중추절의 전통문화이면서 정을 나누는 상징으로 온 가족이 함께 하길 바라는 마음과 더불어 우정, 축복 등 다양한 의미가 담겨 있다. 본래 '月饼(월병)'은 제사용으로 사용되었는데, 당(唐)나라에 와서 비로소 중추절에 음식을 나눠 먹는 풍속으로 되었다고 한다. 북송(北宋)때에는 궁궐에서만 유행하던 것이 민간으로 오게 되었으며, 민간에서는 '小饼(소병)'이나 '月团(월단)'으로도 불리었다고 한다. '春节(춘절)과 함께 중국의 큰 전통 명절인 중추절에 먹는 '月饼(월병)' 또한 각지의 음식과 결합하면서 다양한 종류로 발전하였는데, 대체로 광주식(广式), 북경식(京式), 소주식(苏式), 조주식(潮式)[101] 운남식(滇式)等 다양한 '月饼(월병)'이 있다.

③ 满汉全席(만한전석)

중국인의 분합(分合)적 사유방식에서 볼 때, 만주족과 한족의

---

100 본래 국어사전에서는 '송편'의 '편'자에 합당한 한자가 없어, 한자어는 송병(松饼)으로 사용한다. 하지만, 만약 '편'이 한글은 아니라고 한다면, 대개 '片(조각편)'이나 '鯿(떡 편)'이 아니었을까 추측해 본다. 특히 '鯿(떡 편)'은 중국 사전에서는 설명이 전무하여, 한국식 한자였을 것으로 짐작할 수 있다.

101 광동성의 조주(潮州)지역.

대표 요리를 망라한 잔칫상이라 할 수 있는 '满汉全席(만한전석)'은 '合'의 측면을 대변하는 대표적인 음식문화라고 할 수 있다. 청나라의 궁중연회인 '中華大宴(중화대연)'에 사용되는 요리로 사흘에 걸쳐 6번의 연회가 열리는데, 南菜(남방요리) 54가지와 北菜(북방요리) 54가지를 합쳐 모두 108가지 주요리가 나온다고 한다.

아마도 만주족이 세운 청나라가 만주족(满洲族)과 한족(汉族)의 통합을 위해서 두 민족을 대표할 수 있는 가장 유명한 요리만을 골라서 '全席(전석)'이란 이름을 붙였으며, 요리는 크게 날짐승, 들짐승, 해산물, 채소류 각 8가지로 구성[102]되어 있다. 모든 요리는 각 연회 때마다 한 조씩 정해진 순서에 따라 나온다. 한 조는 네 개의 요리로, 각 요리마다 주요리 하나에 네 개의 보조요리가 따라 나온다.[103] 그러므로 한차례에 20(4+(4×4))가지의 주 요리와 보조 요리가 나오게 되며, 여기에 다시 후식으로 나오는 냉채, 건과류, 꿀전병(蜜饯), 간단한 음식(点心), 과일까지 더하면 모두 30~40가지가 된다.

---

102 짐승으로서 진귀한 여덟 가지(禽八珍)는 붉은 제비(红燕), 백조(天鹅), 비룡(飞龙, 들꿩의 하나), 메추라기 등이고, 해산물로서 진귀한 여덟 가지(海八珍)는 제비집(燕窝), 상어지느라미(鱼翅), 검은 해삼(乌蔘), 물고기 부레, 鲍鱼(전복) 등이며, 들짐승으로서 진귀한 여덟 가지(山八珍)는 낙타 혹(驼峰), 곰발바닥(熊掌), 원숭이골(脑), 성성이 입술(猩唇), 표범의 태반(豹胎), 코뿔소꼬리(犀尾), 사슴 힘줄(鹿筋) 등이다. 또한 야채류로서 진귀한 여덟 가지(草八珍)에는 원숭이머리버섯(头菌), 흰참나무버섯(银耳), 죽순(竹笥), 그물주름버섯(羊菌), 표고버섯 등이 있다.

103 4개의 보조요리에는 대체로 四鲜果(사선과), 四干果(사건과), 四看果(사간과), 四蜜饯(사밀전)가 있다.

5) 음식의 맛과 희노애락의 표현

중국요리의 맛은 크게 '南甜(남첨), 北咸(북함), 东辣(동랄), 西酸(서산)'의 8개의 글자와 4개의 어휘로 대표되는데, 이것은 기후와 환경, 풍속 등의 영향을 받는 각 지역의 특징을 잘 반영하고 있다. 즉 더운 남쪽의 사람들은 단 음식을 즐겨 먹고, 추운 북쪽의 사람들은 짠 음식을 즐겨 먹게 된다는 것이다. 또 바다를 끼고 있는 동쪽 사람들은 매운 음식을 즐겨 먹고, 산을 끼고 있는 서쪽 사람들은 신 음식을 즐겨 먹는 것으로 나타났다. 특히 요즘 한국의 젊은이들도 즐겨 찾고 있는 맵고 얼얼한 맛의 '麻辣烫(마랄탕)'은 본래 중국 四川(사천) 乐山(낙산)의 牛华镇(우화진)에서 유행했던 중국 전통의 음식이었다. 특히 사천이나 호남, 귀주 등 지역의 사람들이 매운 음식을 먹는 것을 매우 좋아하는데, 그래서 중국어에는 "贵州人不怕辣、湖南人辣不怕, 四川人怕不辣(귀주사람은 매운 것을 두려워하지 않고, 호남사람은 매워도 두려워하지 않으며, 사천사람은 맵지 않을까 두려워한다.)"라는 말이 전해지고 있다. 그래서 사천 지역의 아가씨들을 지칭하는 '川妹子(천매자)'는 또 다른 말로 '辣妹子(랄매자)'라고도 부르는데, 이것은 매운 것을 잘 먹는 지역이라는 특징과 성격이 화끈하고 톡 쏘는 야무짐이 있다는 뜻을 내포하고 있다.

중화요리에서 기본적인 맛을 표현하는 酸(산: 신맛), 甜(첨: 단맛), 苦(고: 쓴맛), 辣(랄: 매운맛)는 인생의 온갖 괴로움과 즐거움을 나타내는 희노애락(喜怒哀乐)의 의미로 비유되어 사용되고 있다. 먼저 甜(첨)은 본래 '달다'라는 기본 맛에서 '달콤하다'는 주관적 의미를 내포하게 되면서, 행복, 즐거움, 아름다움 등의 상징의미로 파생되었다. 예를 들면, 甜点心(원형이나 타원형의 卷饼),[104] 甜美(달콤하다, 즐겁다), 甜蜜(달콤하다), 甜蜜蜜(달콤하다), 甜睡(단잠을 자다), 甜头(단맛, 재미), 甜言蜜语(남을 속이는 달콤한 말, 감언이설) 등은 그 파생의미가 인생에서 맛보게 되는 다양한 즐거움이나 행복을 표현하는데 사용된다.

두 번째 酸(산)이 지니는 '신맛'은 가슴을 쓰리게 함으로써, 초라함이나 처량함, 그리고 비통함을 나타낼 때 사용된다. 예를 들면, 酸鼻(콧날이 시큰하다), 酸苦(괴롭고 슬퍼다=酸辛), 酸溜溜(씁쓸하다, 쓰리다, 질투하다), 酸涩(시큼떨떨하다), 酸心(마음이 쓰라리다, 슬프다), 酸辛(괴롭고 슬프다=酸苦) 등으로 신맛과는 약간 다르게 마음속의 쓰라림을 표현하는데 많이 사용되고 있다.

세 번째 苦(고)는 쓴맛을 나타내고 있지만, 쓴맛을 느끼고 난 뒤에 혀끝에 감도는 느낌은 괴로움, 고통, 고생 등으로 비유되어 나타난다. 예를 들면, 苦差事(힘든 일, 고역), 苦楚(고초), 苦胆(쓸개), 苦工(힘든 노동), 苦尽甘来(고진감래), 苦口婆心(노파심), 苦苦哀求(슬퍼서 낮은 음성으로 애원함), 苦难(고난), 苦恼(고뇌), 苦肉计(고육책), 苦涩(씁

104 중국의 전통음식으로 客家人(객가인)들이 元宵节(원소절)에 집에서 원반형의 밀가루 반죽에 야채나 버섯 등의 소를 넣어 둘둘 말아서 만든 卷饼(권병)을 말하기도 한다

쓸하고 떫다), 苦思冥想(깊이 생각하다) 등이 있다.

네 번째 辣(랄)의 '매운 맛'은 매운 음식을 먹고 난 뒤에 혀끝에 감도는 불에 댄듯한 뜨거움의 火辣辣(타는 듯이 뜨겁다), 毒辣(악랄하다) 등으로 파생되어, 心狠手辣(마음이 독하고 하는 짓이 악랄하다=心毒手辣), 泼辣(성질이 사납다), 辛辣(신랄하다) 등의 어휘들이 생겨났다.

6) 유(酉)와 추(酋)의 음주(饮酒)문화

고대에는 상형(象形)의 방법으로 만든 한자가 많았는데, 대개 자신의 주위에서 볼 수 있는 자연물이나 인간들의 습관이 연계되어 있었다. 현대한자에서는 12지신의 '닭'에 해당하는 '酉(닭 유: 왼쪽 그림)'[105]는 본래 일상생활에서 술을 즐겨 마셨던 고대중국인들이 술단지를 한자로 표현한 것이었다. 비록 지금은 12간지의 '닭'을 나타내고 있지만, 본래 의미는 술(酒)을 담는 그릇을 통해 '술'을 형상적으로 표시한 것이다. 이후 한자의 확장에 따라 단지 속에 담겨있는 술을 강조하기 위해 단지 옆에 '水(수)'를 첨가하여 '액체'의 의미가 강조된 '酒(술 주: 오른쪽 그림)'가 탄생했다. 그래서

105 갑골문의 출처는 경상대 중어중문과의 김혁 교수의 소장자료에서 가져왔음.

'酉'가 부수로 들어가는 한자는 대부분 술(酒)과 연관이 있는데, 술을 지나치게 먹어 정신이 흐린 상태를 나타내는 '醉(취)'와 술에 취해있지 않고 깨어있다는 것을 의미하는 '醒(성)'이 있다. 특히 '醒(성)'은 현대중국어에서 정신을 잃었다가 깨어나거나 혹은 잠에서 깨어난 것 모든 것을 포함하고 있지만, 고대에는 잠에서 깨어난 것을 말할 때는 달리 '寤(오)'자를 사용하였다. 이처럼 사람이 술을 마시면 취하여 정신을 잃게 되기는 하지만, 반대로 병을 치료하는데도 사용되었기 때문에 의사(医师)를 나타내는 '医'의 번체자 '醫(의)' 또한 '酉'가 편방으로 쓰인 것을 알 수 있다.

술의 명칭에 대해서 살펴보면, 비록 지금은 소비자에게 좀 더 사랑받을 수 있는 이름을 사용하지만, 고대에는 술은 빚는 방법이나 맛의 차이에 의해서 물을 섞은 술이나 섞지 않은 원액, 찌꺼기를 거른 술과 거르지 않은 술 등이 이름을 통해 구분할 수도 있었다. 일반적으로 액체의 농도가 투명하지 않고 흐린 술을 '탁주(濁酒)'라고 하는데, 지게미를 거르지 않은 술을 '醅(배)'라고 하였다. 반대로, 물을 섞지 않은 술은 '醇(순)'이라고 하는데, 중국의 많은 술 이름 중에서 '五粮醇(오량순)'은 이러한 특징을 반영하고 있다고 볼 수 있다. 또 맛의 차이를 통한 구분을 살펴보면, '醴(례)'는 단술인 '甘酒(감주)'를 의미하고, 술은 오래 되어 시큼하게 맛이 변한 것을 '酸(산)'이라 한다.

그런데 사람들이 술을 많이 마시면 문제가 되는 것은 취하여 주정(酒酊)을 부리는 경우가 많은데, 이러한 술 마시고 저지르는 약간의 사고는 예나 지금이나 다를 바가 없었던 모양이다. 고대 우(禹)임금이 '의적(仪狄)'이라는 사람에게 술을 만들도록 하였는데, '의적'이 너무 맛있는 술을 제조하였다고 한다. 그러자 우임금은 이 맛있는 술로 인하여 나라에 해가 될까봐 '의적'을 멀리하였다고 한다. 또 한(汉)나라의 무제(武帝)는 아무런 이유 없이 3인 이상이 모여서 술을 마시면 벌금 4량을 내게 하였지만, 경축일에는 '酺(연회 포)'라고 하는 술을 특별히 백성들에게 하사하여 서로 모여서 술을 마실 수 있게 하였다. 이것은 아마도 술의 제공을 통해 통치력을 과시하는 행위였을 것으로 파악할 수 있다.

사실 술은 사람들이 자급자족을 하게 되면서 배고픔이 해결되고, 또 삶의 여유를 가지면서 생겨났다. 하지만 앞에서 본 것처럼, 누구나 술을 만들어 즐길 수 있는 것은 아니었으며, 술을 제공해 줄 수 있는 대상은 지위가 높은 사람이었다. 그래서 원시시대의 우두머리였던 '추장(酋长)을 나타내는 '酋'자에 '술'을 의미하는 '酉'로 구성된 것도 이러한 의미에서 보면 이해가 된다. 근대의 학자 공자진(龚自珍)[106]은 고대에는 백성이 술을 마실 수 있게 할 수 있는 사람이 대중의 우두머리로 옹립되었으며, 제왕이라는 것이 이렇게 생겨났다는 것이라고 하였다.

106 龚自珍(1792−1841)은 字가 璱人이며, 号는 定盦으로, 浙江仁和(今杭州)人이다. 晚年에 昆山羽琌山馆에 거주하여 달리 号를 羽琌山民라고 하였다. 清代의 思想家이자, 诗人으로, 改良主义의 先驱者로 추앙받는다.

3. 언어유희와 문학예술

언어유희란 "다른 의미를 암시하기 위해 말이나 동음이의어를 해학적으로 사용하는 표현방법으로, 말이나 문자를 소재로 하는 말장난(유희)을 의미한다."[107] 본래 언어유희는 언어유희요(语言游戏谣)에서처럼 단순한 문자풀이나 말대답, 말 잇기 혹은 소리 흉내 등 말에 약간의 재치나 기지가 부가되는 정도였으나, 점차 두 가지 이상의 의미를 나타내는 중의성의 어휘를 중심으로 풍자와 비평을 담으면서 점차 발전하게 되었다. 앞 절에서 서술했던 중국어의 해음은 가장 대표적인 언어유희라고 할 수 있으며, 문학자들이 다양한 문학 장르를 통해 문학예술로 승화시켰다고 할 수 있다. 특히 대련(对联)은 시적 형식을 이용하여 보다 심도 깊은 의미를 표현함으로써, 문학예술의 한 분야가 되었다고 할 수 있다.

1) 대련(对联)의 대칭미학

앞의 어법과 문화의 관계에서 중국어 형태소의 대립관계나 구문의 대구(对句)를 이야기 하였는데, 중국인들의 이러한 대칭관

107 [네이버 지식백과] 언어유희 [言語遊戲, Pun, Calembour] (문학비평용어사전, 2006. 1. 30. 한국문학평론가협회)

계의 추구는 문학예술에서도 미학(美学)으로 나타나고 있다. 그 중에서 가장 많이 언급되고 있는 대칭미학은 생활 속에서 부정을 막고 행운을 추구하는 부적(符籍)으로 활용되는 '対联(대련)'이라고 할 수 있다. '対联'은 본래 중국인들이 '春节(춘절)', 즉 새해 아침에 대문이나 방문 등에 새해의 기원을 담은 '春联(춘련)'을 거는 풍속에서, 점차 대련의 내용과 대구에 초점이 맞추어지면서 문학예술로 발전했다고 한다.

문학예술, 즉 수사학(修辞学)의 관점에서 본 '対联(대련)'은 음절수가 동일하고 성조의 고저, 의미의 대비를 통해 긴밀한 대칭관계의 조화를 이루는 두 개의 구절을 활용한 시적(诗的) 예술의 집합체라고 할 수 있다. 본래 '対联(대련)'은 앞에서 언급한 것처럼, 복숭아나무를 부적으로 사용한 '桃符(도부)'에서 비롯되었다고 전한다. 본래 '桃符(도부)'는 고대 중국인들이 새해에 집안에 행운이 깃들기를 기원하는 마음에서 문 앞에 귀신이 싫어한다는 복숭아나무를 걸어놓은 것이었는데, 이 복숭아 나무는 재앙을 없애고 악귀를 물리치고자 하는 염원을 담은 것이다. 이것이 일정한 문화현상으로 되면서 이후 일정한 형태를 갖춘 부적으로 바뀌었으며, 이후 '対联(대련)'으로 변화된 것으로 볼 수 있다.

'対联(대련)'이 나뭇가지에서 대구를 갖춘 언어예술로 나타내게 된 것은 '五代(오대)'[108]부터라고 전하며, 宋代(송대)에 와서는 언어 유희의 문학적 요소를 가미한 다양한 형식의 '对联(대련)'이 나오면서 민간풍속으로 발전하게 되었다. 흔히 생활 속에서 볼 수 있는 대련으로는 春节(춘절, 음력설)에 붙이는 '春联(춘련)'에서부터 결혼하는 신부와 신랑에게 선물하는 '喜联(희련)', 생일에 장수를 기념하는 '寿联(수련)', 죽은 사람을 추념하는 '挽联(만련)' 등이 있다.

'对联(대련)'이 문화성을 가지는 것은 그 내용이 붙어있는 지역의 생활 모습을 그리거나 어떤 사실에 대한 사람들의 기원을 반영하기 때문이다. 예를 들면, 농가의 '春联(춘련)'은 풍년을 기원하거나 보다 나은 생활이 이루어지길 기원하는 내용이 많으며, 상가 점포의 대련은 장사가 잘되어 상점의 규모가 커지고 널리 퍼져나가기를 기원하는 내용을 가지고 있다.

迎新春，五谷丰登，家业天天向上；
庆佳节，六蓄兴旺，生活日日提高。

농가의 春联

'对联(대련)'의 가장 중요한 언어적 특징은 대구를 이룬다는 것인데, 위의 '春联(춘련)'에서는 글자 수에서부터 문장구조의 어법관계 등이 모두 동일한 구조로 구성되어 있다. 특히 '五谷(오곡: 다섯

---

108 당나라 말기(唐末)에서 송나라 초기(宋初)에 이르는 기간(907~960)에 흥망한 후량(后梁)·후당(后唐)·후진(后晋)·후한(后汉)·후주(后周)의 5개 조대(朝代)를 가리킴.

가지 곡물)'과 '六蓄(다섯 마리의 가축)'은 식물과 동물이 대비를 이루고 있으며, '天天(천천)'과 '日日(일일)'는 동일한 의미를 가지고 있다.

生意兴隆通四海，财源茂盛达三江。

상점의 对联

위의 상점에 붙어있는 대련 또한 장사가 잘 되기를 바라는 '生意兴隆(생의흥융)'과 재물이 가득하기를 바라는 '财源茂盛(재원무성)'을 대비시켜 놓았으며, 다시 기대치에 달하고자 하는 '通'과 '达'가 대비를 이루고 있다. 그리고 세계를 나타내는 '四海'와 중국 전체를 아우를 수 있는 '三江' 모두 적절한 환유(換喩)적 대비를 이루고 있다.

다시 결혼식에서 혼례식장이나 신방에 붙여놓는 '喜联(희련)'은 부부가 서로 사랑하고 화목한 가정을 이루고, 백년해로하기를 기원하는 내용이 주로 담겨있다.

琴瑟和谐同心永结; 凤凰双飞白头到老。
天长地久好姻缘，心心相印合百年。
天作之合结良缘，永结同心成佳偶。

위의 '喜联'은 琴瑟(금슬: 거문고와 비파)이 서로 조화롭듯이 두 마음이 하나로 영원이 맺어지고, 凤凰(봉황)이 늘 함께 하듯이 부부가 백년해로(百年偕老) 하기를 바란다는 내용을 담고 있다.

'对联(대련)'은 어디에 붙이느냐에 따라 다양한 종류가 있는데, 문학예술로서의 가치는 문학가들이 주로 유명인의 생일 축하로 썼던 '寿联(수련)'이나 죽은 사람의 생전의 공을 기리며 추도하는 글을 담은 '挽联(만련)', 그리고 정자나 누각에 걸려 잇는 '盈联(영련)' 등에서 찾아볼 수 있을 것이다.

'寿联(수련)'과 '挽联(만련)'에서 가장 흔히 보이는 문구 한 개씩을 소개해 보면 다음과 같다.

> 福如东海长流水，寿比南山不老松。(寿联)
> 良操美德千秋在，高风良节万古存。(挽联)

또 위에 소개된 대련 이외에도, 그 때 그때의 현실과 상황에 맞게 새롭게 창작하기도 하고, 또 유사한 구절에서 부분을 바꾸어 사용하기도 한다. 예를 들면, 위의 첫구절 '寿联(수련)'에서 '长流水(길게 흐르는 물)' 대신에 '千里水(천리를 흐르는 물)'이 쓰인 것도 있고, '不老松(늙지 않는 소나무)' 대신에 '万年松(만년을 사는 소나무)'이 들어간 것도 보인다. 아마도 사람들은 오랜 세월을 언제나 변함없이 흐르는 '물'이나 다른 식물에 비해 사계절을 색상의 변함없이 그 자리에 서 있는 '소나무'가 영원할 것이라는 믿음에서 장수의 상징으로 표현했을 것으로 보인다. 또 '挽联(만련)'에서는 '美德(아름다운 덕)'과 '高风(고상한 품위)'를 갖춘 사람의 됨됨이가 영원하리라는 축원으로 죽은 사람의 넋을 위로하고 있다.

대련 중에서 가장 문학예술로서의 가치를 지닌 것으로 '盈联(영련)'을 꼽을 수 있는데, 자주 소개되는 무창(武昌) 황학루(黄鹤楼)의 盈联을 보자.

> 爽气西来，云雾扫开天地憾;
> 大江东去，波涛洗尽万古愁。

어문학적 관점에서 바라본 对联은 또 '对子'라고 하여, 중국어 시가(诗歌) 격률(格律)을 활용하는 전통적인 수사방식을 활용하며, 단순히 문학가뿐만 아니라, 일반 국민들도 성어(成语)를 운용하듯이 자연스럽게 생활에서 사용하고 있다.

언어학적 측면에서 '对联(대련)'이 가지는 이러한 对仗(대장)[109]의 형식은 평측(平仄)과 압운(押韵), 그리고 글자의 의미가 가지는 허실(虚实)을 맞춰야 하는 어려움도 있지만, 현대 사회에서도 주의, 주장, 강령 등을 전달하는 '표어(标语: 사진)'에서도 대련의 문학미를 느낄 수 있는 것은 중국어만이 가진 독특한 문화라고 할 수 있다.

109 자음(字音)의 평측(平仄)과 자의(字义)의 허실(虚实)을 서로 대우(对偶)의 방식으로 만들어진 어구(语句)이다.

2) 회문시(回文诗)와 역순(逆顺)의 미학

회문시(回文诗)[110]는 '회문반복시(回文反复诗)'라고도 하는데, 한 수의 시를 각 구절의 후반부를 다음 구절의 시작으로 삼거나, 시 전체를 완전히 거꾸로 읽는 역독(逆读)을 통해 또 다른 한 수의 시가 만들어진다. 이것은 순독(顺读)과 역독(逆读)의 시가 모두 어법관계와 의미내용이 성립하는 두 수(首)의 시가 만들어지는데, 우리가 생활 속에서 거꾸로 말하기의 언어유희의 확장이라고 할 수 있다. 사실 한국어에서도 '소주만병만주소'처럼 어법구조의 순행와 역행이 모두 동일한 성분을 활용한 언어유희가 있는데, 중국어에도 '人吃人(사람이 사람을 먹다)'、'狗咬狗(개가 개를 물다)' 등과 같이 간단한 구절을 응용하거나 '上海自来水来自海上(상해의 수돗물은 해상에서 온다)'와 같은 구문도 있다.

비록 회문시가 순독과 역독이 모두 어법적인 측면에서의 합법

110 回文诗는 '回环诗(회환시)', '回纹诗(회문시)', '连环诗(연환시)', '回头诗(회두시)' 등으로도 불리며, 한시 특유의 어순이 상호 순환 반복하는 수사방식으로, '回文体'라고도 한다. 正读(정독, 즉 순독)을 하던 倒读(도독, 즉 역독)을 하던 하나의 또 다른 시가 되는데, 이러한 방식은 고대 문인들이 서로 문학적 재질을 논했던 문학유희라고 할 수 있다. 중국의 회문시는 진(晋)나라 이후에 유행하였는데, 부함(傅咸)의 <회문반복시 回文反复诗>, 조식(曹植)의 <경명팔자 镜铭八字>, 양(梁) 나라 간문제(简文帝)의 <회문사선명 回文纱扇铭>, 진(陈)나라 유왕(留王)의 <회문 回文>과 왕융(王融)의 <춘유 春遊> 등이 대표적이다. 그 뒤로는 소동파(苏东坡)의 <제직금화 题织锦画>·<금산사 金山寺> 등이 유명하다. 송대(宋代)까지의 회문시는 상세창(桑世昌)이 엮은 ≪회문유취 回文类聚≫에 망라되어 있다.

성을 가져야 하지만, 그 의미가 반드시 일치하는 것은 아니라 '人咬狗'과 '狗咬人'처럼 정반대가 되어도 내용이 성립하면 된다. 다시 말해, '人过大佛寺(사람이 대불사를 지나간다)'와 '寺佛大过人(절의 부처는 사람보다 크다)', '青山转(청산이 돌다)'과 '转青山(청산을 돌다)'과 같은 간단한 시구(诗句)를 통해 서로 다른 시적 분위기나 장면을 묘사하기도 한다. 즉 회문시의 어법구조는 '池莲(연못의 연꽃)'과 '莲池(연꽃이 핀 연못)'처럼 수식과 피수식어의 상호관계가 서로 바꾸어 표현하는 것으로 전혀 다른 의미가 된다. 이렇게 서로 다른 중심어가 나타나는 관계의 예는 花丛(화총: 꽃무더기, 꽃밭)-丛花(총화: 한 떨기 꽃), 纶羽(윤익: 날개를 묶다)-羽纶(익륜: 날개를 묶은 끈) 등이 있다.

한국의 한시(汉诗)로는 조선시대 김시습의 <춘하추동사절시(春夏秋冬四节诗)> 4수가 있는데, 그 중의 한 수를 순독(顺读)과 역독(逆读)을 대비시켜 살펴보자.

순독시(顺读诗)

红杏山桃溪寂寂
붉은 살구 산 호두는 시냇가에 쓸쓸히 섰고

小塘春草梦依依
작은 연못가의 봄풀은 꿈속에 아른거리고

东城锁雾香风暖
동쪽 성은 안개에 잠긴 채 봄바람 따뜻한데

北舍啼莺乳燕飞
북쪽 집에는 꾀꼬리 울고 제비새끼 날아드네.

위에 제시한 시는 순독(顺读)의 본시로써 '红'으로 시작하여 '飞'로 끝나게 되는데, 아래의 역독의 시는 반대로 '飞'로 시작하여 '红'으로 끝나고 있음을 비교해서 살펴볼 수 있다.

역독시(逆读诗)

飞燕乳莺啼舍北
날아가는 제비 어린 꾀꼬리는 집의 북쪽에서 울고

暖风香雾锁城东
따뜻한 바람에 봄 안개가 성의 동쪽에 흐르고

依依梦草春塘小
아련한 꿈속의 풀은 봄 연못에 돋아나는데

寂寂溪桃山杏红
쓸쓸한 시냇가에는 복숭아와 살구가 익어간다.

대개 회문시는 이처럼 순독(顺读: 중국어에서는 正读이라고 함)을 하거나 역독(逆读: 중국어에서는 倒读라고 함)을 하거나 어색하지 않은 한 편의 시를 이루고 있지만, 여전히 문자 속의 장난에 불과한 것으로 치부되기도 한다. 하지만, 그 속에 담겨있는 시인들의 장난기 어린 문자운용에서, 오히려 한자어의 유연성과 활용성을 응용한 그들의 자유로운 의식구조를 엿볼 수 있다. 또 '회문반복시(回文反复诗)'라고 지칭한 것은 앞에서 제시한 것처럼 앞뒤의 성분이 완전히 일치하는 것이 아니라, "迟日恨依依，依依恨日迟."나 "春晚

睡昏昏，昏昏睡晚春。"[111]처럼 부사어와 보어의 대비를 통해 나타낸 것도 있고, 앞 구절의 뒷부분이 다시 다음 구절의 첫수에 오면서 전체의 구절이 다시 반복되기도 한다. 먼저 苏轼(소식) ≪菩萨蛮(보살만)≫의 회문시를 살펴보자.

苏轼(소식)의 ≪菩萨蛮(보살만)≫은 앞에서 보았던 김시습의 시처럼 전체 구절이 완전한 역순으로 진행된 것이 아니라, 한 구절씩 상호 연결되면서 반복을 하고 있다.

落花闲院春衫薄，薄衫春院闲花落。
꽃잎이 떨어지는 한적한 정원에 젊은 부인이 衫薄을 걸치고
衫薄을 걸친 젊은 부인이 텅 빈 정원에서 떨어지는 꽃잎을 보네.

迟日恨依依，依依恨日迟。
며칠이 지나도 근심은 마음속에 여전하고
떠나지 않는 근심은 나날이 짙어지고

梦回莺舌弄，弄舌莺回梦。
꿈에서 깨니 들리는 것은 꾀꼬리 소리 뿐
꾀꼬리의 소리에 지쳐 다시 꿈으로 돌아오네.

邮便问人羞，羞人问便邮。
인편에 안부를 물으니, 젊은 부인은 부끄러워 고개를 숙이고
부끄러워하던 젊은 부인은 인편에 편지를 보내네.

---

111 苏轼(소식)의 ≪菩萨蛮(보살만)≫의 시구.

苏轼(소식)의 '회문반복시'는 앞에서 보았던 김시습의 시처럼 전체 구절이 완전한 역순으로 진행된 것이 아니라, 한 구절씩 상호 반복을 하고 있다. 즉 두 번째 구절은 첫 번째 구절을 회문하고, 또 네 번째 구절은 세 번째 구절을 회문하여 두 구절씩 서로 회문하고 있음을 알 수 있다. 이처럼 회문의 방식에 약간씩 차이를 가지고 있는데, 다음에 보이는 회문시는 첫구절의 뒷부분이 두 번째 구절의 앞부분에 그대로 이어지고, 다시 두 번째 구절은 세 번째 구절에서 회문하고, 네 번째 구절은 '회문반복(回文反复)'의 방식으로 첫구절로 다시 돌아가고 있다.

春城一色柳垂新，色柳垂新自爱人。
성에 봄이 찾아와 모든 버드나무 새로운 가지 드리우고,
반들반들 버들은 새로운 가지 드리우니 절로 사람들이 좋아하네.

人爱自新垂柳色，新垂柳色一城春。[112]
사람은 절로 새로워지는 수양버들 빛깔 좋아하고,
새로운 수양버들 푸른 빛깔은 성을 봄으로 가득차게 하네.

위의 회문시 ≪万柳堤即景(만류제즉경)≫은 순독(顺读)과 역독(逆读)에서 첫글자와 마지막 글자까지 시를 구성하고 있는 모든 글자가 완전히 동일하게 구성되어, 작가의 치밀한 성격을 살펴볼 수 있다.

---

112 湖北省의 咸丰县에 보이는 ≪万柳堤即景(만류제즉경)≫란 제목의 回文诗이다. https://baike.baidu.com/item 참조.

寒风晓日映沙滩，日映沙滩竹报安。
찬바람과 아침 햇살이 모래사장을 스쳐가고,
햇살이 드리워진 모래사장에서 안녕을 비네.

安报竹滩沙映日，滩沙映日晓风寒。[113]
평안하고 고요한 모래사장에 아름다운 새벽 안개가 내리고,
새벽 안개가 내린 모래사장에는 한기가 가득하네.

다시 苏轼(소식)이 그의 누이의 회문반복시 ≪赏花(상화)≫에 화답하는 내용의 회문시는 한 구절의 뒷부분을 다음 구절에서 그대로 이어서 쓰는 또 다른 방식으로 连环诗(연환시)라고 한다.

赏花归去马如飞，去马如飞酒力微；
꽃을 감상하고 돌아가는 마차는 날아가는 듯 하고,
나는 듯 달리는 말에 술기운이 약해지네.

酒力微醒时已暮，醒时已暮赏花归。
술기운이 약해져 깨어나니 이미 날은 저물고,
깨어나니 이미 날은 저물어, 꽃 감상하기를 멈추고 돌아가네.

즉 첫 번째 수 뒷부분 '去马如飞'가 두 번째 구절에서 다시 시작을 하며, 두 번째 구절의 '酒力微'는 다시 다음 구절의 시작으로 되고, 세 번째 구절의 뒷부분인 '醒时已暮'가 다시 네 번째 구절로

113 津人曹鸿年也有一首回文诗. https://baike.baidu.com/item 참조.

가고, 마지막 구절은 첫 번째 구절의 앞부분인 '赏花归(상화귀)'로 끝을 맺고 있다.

앞에서 보았던 김시습의 시와 동일한 형식의 시를 소개하면, 宋代(송대) 李禺(이우) 回文诗 ≪两相思(양상사)≫ 두 수는 아내를 그리워하는 ≪思妻诗(사처시)≫와 남편을 그리워하는 ≪思夫诗(사부시)≫의 두 수는 서로 회문반복이 되고 있다.

≪思妻诗≫

枯眼望遥山隔水，往来曾见几心知？
침침한 눈을 들어 멀리 발라보니, 산은 멀고 물은 요원한데,
오가는 사람들은 몇 명이나 알아볼까?

壶空怕酌一杯酒，笔下难成和韵诗。
주전자는 이미 비어, 다시 한 잔을 대작하기 힘들고,
붓을 들었지만, 시는 절반도 완성하기 어렵네.

途路阻人离别久，讯音无雁寄回迟。
길이 사람을 막아 이별한지 오래고,
그리운 사람의 소식을 전하는 이도 없고, 서신 또한 부치지 못했네.

孤灯夜守长寥寂，夫忆妻兮父忆儿。
외로운 등불만이 긴 적막함을 지키고,
남편과 아비로서, 고향의 처자식을 그리워하네,

≪思夫诗≫

儿忆父兮妻忆夫，寂寥长守夜灯孤。
고향의 처자식은 남편과 아비를 그리워하고,
긴 밤의 적막함은 등불만이 지키고 있네,

迟回寄雁无音讯，久别离人阻路途。
머뭇거린 서신에는 답장도 없고,
오랜 이별에 길이 끊어진 것처럼 격조하고.

诗韵和成难下笔，酒杯一酌怕空壶。
시 한수 적으려 하지만, 붓을 들기 힘드네,
술잔을 들어 대작하려니, 주전자에 술 떨어질까 두렵네.

知心几见曾往来，水隔山遥望眼枯。
내 마음을 알아주는 이여, 언제나 돌아올까,
산 높고 물이 멀어, 바라보는 이의 눈물만 마르네.

위의 회문시에서 ≪思妻诗(사처시)≫의 첫 글자는 ≪思夫诗(사부시)≫의 마지막 글자가 되며, 또 ≪思夫诗(사부시)≫는 ≪思妻诗(사처시)≫의 마지막 글자로부터 거꾸로 한자 한자 맞추어 또 하나의 시가 되고 있다. 이러한 회문시는 시를 활용한 언어유희로써, 고대 중국 문인들의 낭만을 엿볼 수 있는 매우 재미있는 시작활동이라고 할 수 있다.

3) 나이와 숫자의 언어유희

옛날부터 동양에서는 ≪논어≫에 보이는 공자의 회고(回顧)에 따라 나이에 특정한 의미를 부여한 단어를 사용하였는데, 이것은 앞에서 언급한 숫자 해음과는 달리, 숫자와 의미를 대비시켜 표현한 것이라고 할 수 있다. 공자는 "15세에 학문에 뜻을 두었다 하여 '志学(지학)'이라 하였고, 30세에 스스로 자신을 일으켜 세웠다고 하여 '而立(이립)'이라 하였다. 그리고 40세에는 세상의 미혹됨에 흔들리지 않게 되었다 하여 '不惑(불혹)'이라 하였으며, 50세에 하늘이 내린 자신의 운명을 알았다고 '知天命(지천명)'이라 하였다." 아마도 한자를 배운 사람이라면 이러한 논어에 대한 이야기는 대부분 들었을 것이다. 또 61세는 '还甲(환갑)' 혹은 '回甲(회갑)'이라는 이름을 가지고 있는데, 이것은 '甲子'가 한 번 돌아온다는 의미를 가진다.[114] 옛날에는 평균 수명이 짧아 만 60세의 환갑에는

---

114 육십갑자(六十甲子)는 간지(干支), 즉 십간(十干)과 십이지(十二支)를 조합하여, 다시 처음으로 돌아오는 시간을 계산한 것이다. 십간은 갑(甲), 을(乙), 병(丙), 정(丁), 무(戊), 기(己), 경(庚), 신(辛), 임(壬), 계(癸)를 말하며, 십이지는 자(子), 축(丑), 인(寅), 묘(卯), 진(辰), 사(巳), 오(午), 미(未), 신(申), 유(酉), 술(戌), 해(亥)를 말한다. 1개의 간(干)과 2개의 지(支)를 조합하여 하나의 간지가 만들어지는데, 십간의 첫 번째인 '甲'과 십이지의 첫 번째의 '子'를 조합하여 '甲子'가 만들어지며, 그 다음으로 십간의 두 번째인 '乙'과 십이지의 두 번째인 '丑'이 결합하여 '乙丑'이 만들어진다. 이러한 순서로 丙寅, 丁卯, 戊辰, 己巳, 庚午, 辛未, 壬申, 癸酉의 방식으로 계속해서 결합을 하여 마지막에 '癸亥'에서 끝나면 60년이 되며, 다시 '甲子'가 되는 해가 '还甲'이 되는 것이다.

큰 잔치를 열어 장수를 축하하였지만, 지금은 시골에 가면 60세는 젊은이 취급을 받게 되는 요즘 세태에서 '还甲(환갑)잔치'를 열기가 멋쩍어지는 사회가 되었다. 또 70세는 '古稀(고희)' 혹은 '희수(稀壽)'[115]라고 하였는데, 고대에는 사람이 칠십을 넘긴 사람을 보기 힘들어 '드물 희(稀)'를 쓰고 있다. 하지만 현대 사회에서는 70세가 넘어서도 회사에서는 회장으로 건재하고 있으며, 또 고위공직자나 대통령이 되어 활발하게 활동하는 사람들이 너무도 많다. 따라서 나이 70세 또한 옛날의 노인처럼 봉양을 받는 시대는 지났으며, 칠순(七旬)잔치도 왠지 의미가 퇴색될 정도로 인간의 평균수명은 길어지고 있다.

이러한 숫자의 또 다른 이름에는 모두 그 나라와 그 시대의 문화적, 문학적 배경이 담겨있는데, 특히 중국에서는 앞에서 언급한 나이 이후에는 동일 숫자를 반복해서 표현된 숫자에 매우 재미있는 이름의 특징을 발견할 수 있다. 먼저 7이 두 번 반복되는 77세를 '喜寿(희수)'라고 부르는데, 앞에서 언급한 '드물희(稀)'가 아닌 '기쁠 희(喜)'를 쓰는 것으로 보아 장수(长寿)함이 기쁘다(喜)라는 뜻이 아닐까 싶다. 하지만 정작 이름이 탄생한 배경을 보면, 중국인들의 사유를 알 수 있는 매우 흥미로운 사실이 숨어 있다. 사실 '喜'자를 사용한 '喜寿'가 탄생하게 된 배경에는 '喜'자의 초서(草书)가 있다. 즉 옆의 그림에서 보는 것처럼 '喜'자의 초서제는 그 모

115 중국 당(唐)나라 시인 두보(杜甫)의 ≪곡강시(曲江诗)≫에 나오는 "인생칠십고래희(人生七十古來稀)"에서 유래한 말이다.

습이 마치 상하로 七十七을 써놓은 것처럼 보여, 77세를 '喜寿(희수)'라고 부르게 된 것이다.

또 88세를 가리키는 '米寿(미수)'는 글자 뜻으로만 보면 '쌀알처럼(米) 많은 나이(寿)'라는 뜻으로 억지 해석을 할 수밖에 없지만, 이 또한 '米'자를 파자(破字)의 방식으로 파악하려고 했다는 점에서 여전히 흥미롭다. 즉 '米'자의 위에 점 두 개와 아래의 두 점은 각각 두 개의 '八'자로 보고, 또 가운데에 '十'을 각각 떼어 내어 순서대로 읽으면 '八十八'이 되어 숫자 88이 된다.

마지막으로, 99세는 '白寿(백수)'라고 하는데, 단순히 글자의 뜻으로 보면 흰머리(白)를 가진 나이(寿)라는 뜻으로 노인으로 이해할 수 있을 것도 같다. 하지만, 대부분의 사람들이 6, 70세에도 이미 흰머리가 난다는 점에서 이러한 해석이 설득력을 가지기는 힘들며, 오히려 한자의 파자형식과 수학의 결합이라는 측면에서의 설명이 설득력을 가진다. 즉 99세의 한자로 '白'자를 쓰게 된 배경에는 숫자 '100'의 한자인 '百(일백 백)'자에서 첫 획수인 가로획 '一'자가 빠진 것으로, '100-1=99'라는 수학적 공식이 숨어있음을 알 수 있다. 이 또한 중국인 해학적인 문화심리를 엿볼 수 있는데, 이러한 중국인의 언어사유는 요즘 뜨고 있는 학문의 융합이라는 측면으로 바라볼 수 있을 것도 같다.

4. 관료제도와 계급사회

대부분의 국가들의 이름에는 '민주(民主)'라는 명칭을 붙여 국민이 국가의 주인이며 평등하다고들 말하지만, 여전히 현대사회에도 고대사회 못지 않은 계급이 존재하고 있다. 오히려 더 많은 기준을 가진 다양한 계급들이 존재하며, 최근의 갑질(甲질)문화 또한 계급사회의 산물이라고 할 수 있다. 고대에도 계급은 크게 국가조직과 관직이 만들어낸 관료계급과 노예제 사회로부터 이어진 사회계급으로 나뉘어 있었다고 볼 수 있다. 중국에서는 고대 중국을 관료중심(官本位)의 사회라 지칭하며, 관료(官僚)제도를 제도문화의 중심으로 삼고 있다. 언어학적 관점에서 본 고대의 관료제도는 다양한 관직이나 관료의 명칭에서 찾아볼 수 있는데, 중국의 역사문화의 흐름을 파악할 수 있는 중요한 언어기호로서의 특징을 지니고 있다고 할 수 있다. 특히 이러한 명칭들은 황권제도와 관료등급, 친속관계의 제도문화를 상징하는 표지라고 할 수 있다. 또한 과거제도에 의한 인재등용은 신분계층의 변화와 문학예술의 발전을 이끄는 원동력이 되기도 하였다.

1) 왕의 신격화와 왕비의 계급문화

고대국가에서 왕이나 왕족은 최상위 계층의 계급집단에 속했으며, 원시의 자연숭배에서 형성된 집권자는 그야말로 무소불위의 권력을 가지고 있었다. 아마도 국가가 없었던 원시시대의 최고 권력자는 일반 백성들을 자연의 위협으로부터 이끌었던 제사장에서부터 씨족이나 부족을 이끌던 酋长(추장), 그리고 圣人(성인)으로 추앙받는 지도자들은 대개 인간 이상으로 최고의 권력을 향유했을 것이다. 국가가 형성되면서 형성된 봉건제 사회에서도 '王'은 '天子'라 하여, 태양신(太阳神)이나 천신(天神)에 버금가는 권능을 가진 존재로 격상되었다.

봉건제도가 끝나는 시점인 중국의 清代(청대)나 조선의 마지막 왕은 여전히 황제로 추앙되었다. 문자학의 각도에서 접근해 보면, 갑골문(甲骨文)이나 금문(金文) 등에서는 '皇'이나 '帝'가 단독으로 쓰이는 경우는 있으나, 두 글자가 결합한 '皇帝'라는 단어는 보이지 않는다.[116] 그러면 '皇帝(황제)'라는 호칭은 언제부터 시작되었을까? ≪史记·秦始皇本纪≫의 기록에 의하면, 본래 '皇帝(황제)'는 진시황이 스스로를 칭하는 자칭(自称)으로 사용되었으나, 이후 진

116 우선 ≪说文解字≫에서는 '皇'을 '크다(大)'라고 해석하고 있으며, 또 ≪风俗通义≫에서는 "皇者, 中也, 光也"라고 하여 무엇보다 '위대한 신성(神圣)', 즉 신의 권력을 부여하고 있다. 다시 ≪说文解字≫에 의하면 '帝'는 "王天下之号也"라고 하였으며, ≪白虎通义≫에서는 "德含天下者称帝"라고 하여 '천하를 통치하고, 천지의 명을 받은 통치자의 칭호'라고 서술하고 있다.

시황의 삼정승(三政丞)이라 할 수 있는 승상 王绾(왕관), 어사대부 冯劫(풍겁), 정위 李斯(이사) 등이 진시황의 업적이 고대 전설의 삼황오제에 버금간다고 하여 '皇帝(황제)'라는 호칭을 쓰기로 결정했다고 한다. 이후 '皇帝(황제)'는 '天子(천자)'를 지칭하는 칭호가 되었으며, 이후 '王(왕)'은 '皇帝(황제)'보다 한 단계 낮은 제후국이나 소수민족의 우두머리, 그리고 중국 변방의 각 나라를 대표하는 지도자에 대한 호칭으로 강등되어 사용되었다.

중국역사에서 '皇帝(황제)'는 天子(천자), 圣上(성상), 陛下(폐하) 등 다양한 별칭들이 있는데, 이러한 다양한 호칭에는 스스로를 칭하는 자칭(自称)과 다른 사람이 황제를 칭하는 타칭(他称)으로 구별해서 살펴보아야 한다. 대개 호칭이라고 하면 타칭(他称)을 의미하는데, 타칭에는 면전에서 부르는 면칭(面称)과 안 보이는 곳에서 부르는 배칭(背称) 등으로 구분하여 사용하였다. 비록 황제가 무소불위의 권력을 가지고 있다고 하더라도, 자칭은 겸손 혹은 겸양의 의미를 가진 것이 많다. 아주 오래전 상고(上古)시대의 왕들의 자칭으로는 '予一人(여소인)', '予小子(여소자)', '冲人(충인)', '冲子(충자)'라고 하여 '予(여)'자와 '冲(충)'자을 사용하고 있다. 여기에서 '予'는 '나(余)'를 의미하며, '冲'은 '어리다(幼小)'의 의미를 지니고 있어, 모두 신하나 백성에게 자신을 낮추어 표현하려고 했음을 알 수 있다. 진시황 이후에도, 천자의 자칭은 신하나 백성들에게 자신을 낮추어 말하고자 하는 모습을 엿볼 수 있는데, '朕(짐), 小子(소자), 冲人(충인), 孤(고), 寡(과), 不容(불용) 등은 현대적 의미에서도 비천하거나 소외된 계급의 색채를 지니고 있다. 그런데 현대에는 부모님이 없어 홀로 살아가는 어린아이를 나타내는 孤儿(고아)의 형태소인 '孤(고)'도 황제가 자신을 낮추어 부르는 겸양어였으며, 우리가 흔히 드라마나 역사극을 통해 알고 있는 '朕(짐)'은 '나의 혹은 나'라는 의미로, 본래 빈부(贫富)나 귀천(贵贱)을 막론하고 모두가 사용할 수 있었다. 또 황제의 자칭으로 많이 사용되는 '寡(과)' 혹은 '寡人(과인)' 등은 본래 춘추시대 제후나 제후의 부인들의 자칭이었다고 한다. 하지만 이러한 어휘들은 진시황(秦始皇)이 스스로를 지칭하는 용어로 사용하게 되면서, 이 또한 황제 이외에는 아무도 사용할 수 없는 피휘자(避讳字:기피어)가 되었다.

또 타칭(他称)으로써의 황제는 면전에서 직접 부르는 면칭(面称)이든 제3자로서의 호칭인 배칭(背称)이든간에 여전히 피휘자가 되는 것은 당연한 것이었다. 특히 신하가 황제 앞에서 직접 부르는 면칭으로는 사용되던 陛下(폐하), 圣上(성상), 圣驾(성가), 皇上(황상), 明上(명상), 明哲(명철), 天颜(천안), 龙颜(용안), 万岁(만세) 등은 최고의 지위가 하늘에 닿아 있음을 비유하고 있음을 알 수 있다. 이러한 황제의 호칭은 당시 봉건시대 군주전제의 정치체제에서 황권은 지고무상의 독점적이었으며, 당시 봉건사회에서 황제는 모든 권력의 중심이었음을 말해주고 있다. 특히 '皇上(황상), 上(상), 至上(상)' 등과 같은 어휘는 일반 백성들의 머리 위에 존재하는 지고지상의 권력을 대변하고 있으며, 우리가 흔히 사용하는 '敬畏(경외)'의 '敬'과 '畏'가 어떻게 함께 단어를 구성할 수 있는지를 짐작케 한다. 이러한 어휘를 통한 황제의 신격화는 단순히 제도적 권력자에서 숭배의 대상으로 변해갔으며, 이후 '天子(천자), 皇天(황천), 真龙天子(진룡천자)' 등의 호칭에서는 '天神(천신)의 화신' 혹은 '龙(용)의 전인' 등으로 일반 백성과는 완전히 다른 신의 모습으로 나타나고 있다.

비록 황제는 인간 위에 군림하는 무(无)계급의 존재였지만, 많은 아내를 가진 다처제(多妻制) 왕권사회에서의 왕비 등에 대한 호칭은 또 다른 계급을 형성하고 있음을 알 수 있다. 이후 황제의 후비(后妃)에서부터 시작된 부인들의 계급구조는 관원의 부인들이 가지는 호칭에도 그대로 적용되었다. 우선 황제의 부인인 왕비 사이에는 정비인 '后(후)'와 후비인 '妃(비)'의 근원적인 계층이 있었는데, 정실부인인 '后(후)'는 皇后(황후)라 불렀으며, 그 나머지 첩(妾)들은 '妃(비)'가 되어 각기 다른 수식어를 부가하면서 계급을 형성하였다. 이후 진(秦)나라에 이르러서는 비빈(妃嫔)제도가 만들어졌으며, '皇后(황후)'를 제외한 妃(비) 사이에도 '妃(비)'와 '嫔(빈)'의 등급이 만들어졌다. 그리하여 당(唐)나라에서 명(明)나라까지 유사한 등급제도가 유지되는데, '妃(비)'자를 가진 왕의 부인만 하더라도 皇贵妃(황귀비)-贵妃(귀비)-淑妃(숙비)-德妃(덕비)-贤妃(현비)-敬妃(경비)-惠妃(혜비)-顺妃(순비)-康妃(강비)-宁妃(녕비)-昭妃(소비) 등의 순서로 다양한 계급이 형성되었다.

2) 관직의 호칭과 관리의 계급문화

관료제(官僚制)란 국가가 성립되면서 통치자가 자신의 통치지위를 보호하고, 자신의 통치의지를 실현하기 위한 행정적인 관리체제를 말하는데, 이 체제를 구성하는 기구인 관(官)과 각 기구를 구성하는 사람인 관료(官僚)는 철저하게 등급을 통한 계급을 구성하고 있다. 본래 한자 발생의 근원에서 본 '官'의 본래 의미는 '房舍(집, 가옥)'을 나타냈으나, 이후에 '官府(관부)' 및 '권력을 행사하는 관원'을 지칭하여 '관리하다'의 의미로 파생되었다.[117] 현대의 공무원 제도가 지니고 있는 행정적인 관리체제나 회사들 또한 이를 그대로 본받고 있으며, 평등사회라고 주장하는 현대사회에서도 여전히 이 등급은 계급이 되어 있다. 이러한 계급은 그 직급에 따른 명칭에 따라 부여되는데, 언어가 계급과 권력을 가지게 되는 대표적인 예를 여실히 보여준다고 할 수 있다.

중국에서 처음으로 관제(管制)를 만든 통치자는 요(堯)임금으로, 각자 직제에 맞는 관리에 관한 호칭(呼称)을 만들었다고 전해진다. 우선 요임금의 직제는 당시 지배하고 있는 지역을 네 개의 통치구역으로 나눈 '四岳(사악)'을 설치하였으며, 각 '岳(악)'을 다스리는 우두머리를 '추장(酋长)'이라고 하였다. 또 역법(历法)을 관장하는 '羲和(희화)'라는 이름의 관제를 설치하였다고 한다. 그 뒤를 이

117 공영달(孔颖达)은 ≪礼记·王制≫의 소(疏)에서 "官者, 管也"라고 하여 '官'은 다른 사람을 관리(管理)하는 것으로 설명하고 있다.

은 순임금은 '八元(팔원)'을 설치하여 '教化(교화)'를 담당하였으며, '八恺(팔개)'를 설치하여 공지(工地)를 관리하였다고 전해진다. 여기에서 우리는 요임금에서는 숫자 '四'가 관제의 분류에 사용되었으며, 순임금 시대에는 숫자 '四'의 배수인 '八'이 관제의 분류에 사용되었음을 알 수 있다. 이후 중국의 역사에서 최초의 왕조체제를 지닌 하(夏)나라는 통치자의 칭호를 '王(왕)'이라 하였으며, '百官(백관: 여러 관직)'을 설치하였다는 것으로 보아 많은 관직이 출현했음을 알 수 있다.

이후 중국의 역대 왕조에서 나타나는 관제나 관직명은 매우 다양하고 복잡하였는데, 대개 현대의 역사극에서도 많이 볼 수 있는 명칭으로는 相(상), 大夫(대부), 史(사), 尉(위), 官(관), 使(사), 令(령), 郞(랑) 등이 있다. 그런데 관직명은 동일한 명칭일지라도 시대별로 다르게 그 직분이나 의미가 달리 나타나는 경우가 많은데, 그것은 각 조대마다 그 관직이 맡은 임무가 달라졌기 때문이다. 예를 들어, 우리가 고대 고조선이나 고구려 역사에서 중국이 설치했던 직제 중의 하나인 '도호부'에서 '都护(도호)'는 한대(汉代)에는 주로 서역(西域)을 관리하는 장관을 의미했으나, 위진(魏晋)시대에는 여러 장군들을 통솔하는 대장군을 의미하였고, 또 원대(元代)에는 위구르족과 한족 사이의 소송을 관장하던 사법기관의 장관이었다.

정치의 관점에서 관직명이 나타내는 일정한 등급관제는 단순한 체제유지를 위한 제도적 장치였으나, 이러한 등급체제가 지속

되면서 관직명은 불평등의 계급을 표현하는 언어기호가 되었다. 진나라와 한나라에서는 최고 관제에 三公(太师, 太保, 太宰)과 丞相(승상)이 있었고, 그 다음 관제에는 九卿(구경)이 있었다. 그 이하의 관제는 중앙관과 지방관으로 등급이 나누어졌는데, 여기에서 그 분류의 기준이 되는 숫자가 3의 배수로 나타나고 있음을 알 수 있다. 또 고대에는 관료의 등급을 '品级(품급)'이라고 하였는데, 숫자 5를 중심으로 5품 이상의 관직을 '大夫(대부)'라는 호칭을 사용하였고, 5품 이하에는 '郎(랑)'이란 호칭을 사용하였다고 전한다. 즉 '大夫(대부)'와 '郎(랑)'은 전체 관제를 양분하는 언어기호라고 할 수 있으며, 그 내부에는 또 다양한 관제가 분화되어 있었다. 이러한 등급에 의한 분화는 또 다른 계급을 형성하는 요인으로 작용하게 되었고, 당나라에 오면 30품급의 관제로 나누어진다.

우리는 이러한 관료제나 관직명을 역사적 관점에서 살펴보고 있지만, 정작 국민이 주인이 된다는 '민주국가(民主国家)'에서도 여전히 이러한 등급을 통한 계급은 존재하고 있다. 비록 노예제도나 봉건제도에서 보았던 신분제도(身份制度)는 사라졌지만, 여전히 국가 공무를 담당하는 공무원에서부터 개인회사나 주식회사 등 여전히 질서체제를 유지하기 위한 계급은 존재하고 있다. 또한 근대 이후에서 현재까지 자식의 취업을 위해 뇌물이나 청탁 사건을 일으키는 사람들의 심리사유를 되새겨 보면, 우리들의 깊은 잠재의식 속에는 여전히 계급세습을 통한 신분세습이라는 전근대적인 봉건적 사유풍토가 남아있음을 부인할 수가 없다.

3) 부인의 호칭과 여성의 계급문화

이처럼 남성들의 세계가 관직을 통해 계급을 형성하게 되면서, 관직을 가진 관원들과 같이 살고 있는 아내들 또한 남편 직위의 고하에 따라 일정한 계급을 형성하게 되었다. 즉 남편의 관직의 고하에 따라 형성된 부인의 계급은 또 그것에 알맞은 부인의 호칭이 생기고, 이러한 호칭은 다시 새로운 계급을 형성하는 요인으로 작용하게 된다. 고대 중국에서 서민(庶民)의 아내를 부르는 호칭은 '妻(처)'[118]만 존재하고 있었던 것으로 보아, 아내들 사이에 계급은 크지 않았던 것으로 보인다. 하지만, 이렇듯 남편으로부터 계급이 형성된 중상류 계층의 여성들에게는 봉건시대의 '三从四德(삼종사덕)'[119]과 같은 여성만이 지켜야 할 사회규약으로 인해, 오히려 남녀불평등의 사회 속에서 살았을 것으로 보인다.

비록 중류층 이상의 부인들은 하류층의 평민 아내들보다는 훨씬 나은 생활을 했겠지만, 여전히 남편의 관직의 고하에 따라 계급이 결정되었다. 이러한 당시 사회의 남성과 여성의 불평등은 결혼한 부부간의 호칭을 통해서도 살펴볼 수 있다. 즉 당시 아내가

118 중국학자들은 '妻(처)'의 발음이 '齐(qī)'와 해음(谐音)관계로 인해, 여성이 남성보다 지위가 낮았음을 나타낸다고 해석하고 있다. 비록 봉건시대에는 각종 사회규약에 의한 여성의 제한으로 남녀불평등이 강하게 나타났지만, 단순히 해음만으로 여성의 낮은 지위를 나타낸다는 주장은 설득력이 떨어진다.

119 "未婚从父，婚后从夫，夫死从子。"(결혼하기 전에는 아버지를 따르고, 결혼 후에는 남편을 따르며, 남편이 죽으면 아들을 따른다).

결혼한 남자를 부르는 호칭은 '丈夫'라는 호칭 이외에 다른 겸칭이 보이지 않는 반면, 아내의 호칭에는 다양한 겸칭(谦称)이 존재하고 있다는 점에서 또 다른 남녀 간의 불평등을 찾아볼 수 있다. 대개 여성에 대한 호칭 중에는 '内人(내인), 内子(내자), 贱内(천내), 拙荆(졸형:jing), 糟糠(조강)' 등과 같은 많은 겸칭이 보이는데, 여기에서 '内'는 그 활동범위가 집안 내부에 한정되어 있었음을 나타내고 있다. 또 '贱(천)'이나 '拙(졸)'은 그 지위가 낮거나 비천함을 나타내고 있다.[120] 물론 국가조직의 정비와 더불어 다양한 관직이 생기고, 또 일정한 관직을 가진 남편들의 지위에 따라 아내들의 계급 또한 상하이동을 하게 되지만, 이 또한 남녀 간의 불평등을 나타내는 표지가 된다.

그러면 부녀자에 대한 이러한 호칭은 언제부터 생겼으며, 또 어떠한 이름들이 있을까? 대개 한(汉)나라 이후로 다양한 관직이 생기면서 아내들도 남편 관직의 높고 낮음에 따라 아내들의 호칭도 달라졌다고 하며, 관직을 가진 관원들의 부인에 대한 호칭은 황제의 비빈(妃嫔)제도를 모방하여 만들었다고 한다.[121] 대개 앞

---

120 杨德峰 编著≪汉语与文化交际≫, 168-169쪽 참조.

121 경(卿)의 처는 '内子'라고 했으며, '대부(大夫)'의 처를 '命妇'라고 했다. 예의(礼仪)가 비교적 완비된 당(唐)나라의 예를 보면, 一品 및 国公의 모와 처를 '夫人(부인)'이라 하였으며, 三品이상의 모와 처를 郡夫人(군부인)이라 하고, 四品 및 勋官(훈관) 二品의 모와 처에게는 郡君(군군), 五品 및 勋官(훈관) 三品의 모와 처에게는 县君(현군)이라 하였으며, 散官(산관) 및 같은 직무에 종사하는 勋官(훈관) 四品의 모와 처에게는 '乡君(향군)'이라는 호칭을 부여하였다. 송나라에서는 四品의 관직의 아내에게는 '淑人(숙인)', 五品의 아내

에서 겸칭으로 언급했던 '内子(내자)'는 본래 공경대부 중의 하나인 경(卿)의 처를 나타냈으며, '夫人(부인)'은 예의(礼仪)제도가 비교적 완비가 되었다고 할 수 있는 당(唐)나라에서는 一品(일품) 및 国公(국공)의 어머니와 아내를 지칭하는 호칭이었다고 한다. 이외에도 '君'자를 붙여서 부인의 호칭을 만들었는데, 郡君(군군), 县君(현군), '乡君(향군)' 등이 있다. 또 송나라에서는 '淑人(숙인)', '硕人(석인)', '令人(영인), 恭人(공인), 安人(안인), 孺人(유인)' 등의 순서로 특정 수식어에 '人'자를 붙여 호칭으로 사용하였다. 이러한 호칭이 이후 명나라와 청나라로 계속 이어지게 되는데, 아마도 현재 한국의 묘비명에 볼 수 있는 부인의 비석에 '孺人(유인)'[122]이라는 명칭 또한 여기에서 비롯된 것으로, 이러한 계급문화가 우리나라의 문화에도 많은 영향을 미쳤음을 알 수 있다.

사실 남편의 관직명과 더불어 관원의 아내에게 이러한 특별한 호칭을 부여한 것은 오히려 '夫荣妻贵(남편이 영광스러우면, 아내도 덩달아 귀하다)'이라는 부계 중심의 계급문화가 여성들에게 강요되고 있었음을 알 수 있다. 특히 이러한 중국의 전통적인 정치구조는

에게는 '硕人(석인)'이라 칭하였으며, 그 아래는 '令人(영인), 恭人(공인), 安人(안인), 孺人(유인)' 등의 칭호가 내려졌다. 그 이후 명나라와 청나라에서는 품계에 따른 변화는 있었지만, 그 호칭은 거의 변화 없이 유사하였다.

122 우리나라 산소의 묘비명에는 일정한 계급이 없었던 남편에게는 '学生'을 붙여 '学生○氏之墓'가 많이 보이며, 부인에게는 '孺人(유인)○氏之墓' 등이 많이 보인다. 여기에서 '孺人'은 아마도 계급이 없었던 아내에게 붙여진 호칭으로 보인다.

가족을 기초로 한 등급관계가 형성된 배경 또한 농경문화를 중심으로 한 가족과 친척 간의 친속(亲属)관계가 강하게 작용했기 때문으로 보인다.

4) 남녀불평등의 계급문화

마지막으로 고대부터 나타났던 남녀불평등의 사회구조가 어떻게 현대까지 이어지고 있는가를 한자와 어휘 등에 잔존하는 의미를 통해 살펴보고자 한다. 고대 노예제에서 봉건시대를 거쳐 완성된 한자가 지금까지 남아있다는 것은 당연히 그 글자가 만들어진 당시의 노예의 계급관계나 '남존여비(男尊女卑)'의 봉건잔재가 깃들어 있다는 것을 알 수 있다. 특히 한자에서 80%를 차지하고 있는 형성자에 존재하는 다양한 부수에서, 유독 '女'자가 부수로 들어가는 한자의 대부분 부정적인 의미를 갖고 있는 것이 많다는 사실은 남녀 간의 불평등이 이미 제도적으로 존재했음을 보여준다. 대표적으로 사회적으로 부적절한 남녀 간의 관계를 함유하고 있는 '娼(창), 妓(기), 嫖(표), 奸(간)' 등의 한자에서 나타나는 부정적인 시각은 분명 여자만의 것이 아닌, 남자 또한 깊이 연관되어 있다는 점이다. 비록 우리 사회가 건전하지 못한 직업으로 평가하는 '기생' 혹은 '창기'를 나타내는 '娼(창)'과 '妓(기)'은 약간 여성에 대한 부정적인 시각으로 본다고 할 수 있으나, 정작 '嫖(표)'와 '奸

(간)'은 여성의 부정행위라기보다는 오히려 남성의 부정행위라 할 수 있다. 특히 여자만의 문제가 아닌 남녀 모두에게 적용할 수 있는 질투(嫉妒)의 '嫉(질)'와 '妒(투)', 그리고 현대에서 범죄행위를 의심받는 것으로 혐의(嫌疑)를 이해되는 '嫌(싫어할 혐)' 등도 모두 '女'를 부수로 사용하고 있다.

심지어 인간들이 혐오하는 妖怪(요괴) 등에서 보이는 '妖(요)'자나 고대 노예제 사회의 가장 천한 계급을 나타내는 '奴(노)'자에도 여자가 주인공이 되고 있다. 뿐만 아니라, 음란함을 나타내는 '淫(음)'의 번체자는 '女' 부수를 가진 '婬(음)'자였으며, 愧(부끄러워할 괴)자의 번체자 또한 '媿(괴)'자였다. 이처럼 남자와 여자가 서로 같이 부정한 짓을 범하면서도 모든 책임을 여성에게 전가하는 남성우월주의가 지닌 봉건적 사고방식은 다양한 한자에 남아있음을 엿볼 수 있다.

또 다른 각도에서 접근해 보면, 사실 다른 나라의 인권문제에 대해 이리저리 간섭을 하고, 자신들은 여권(女权)이 비교적 신장되었다고 주장하는 미국 등과 같은 외국에서는 여성이 결혼을 하게 되면 부모가 준 자신의 성(姓)을 버리고 남편의 성을 따르게 되는 아이러니한 모습을 보게 된다. 그런 면에서는 중국이나 한국 등 동양에서는 결혼을 해서도 여전히 자기 성(姓)을 가지고 있는 것은 오히려 서구에 비해 여권(女权) 존중이 있다고 볼 수는 있다. 하지만, 여전히 사회생활에서 나타나는 결혼한 여성에 대한 호칭인 '张大嫂(장대수), 刘大姐(류대저), 王大妈(왕대마)' 등에서 보이는

张, 刘, 王 등의 성씨는 여성 본래의 성이 아닌 남편의 성을 빌어 부르는 경우가 많다는 것이다. 우리나라 또한 '장씨(네) 아줌마'나 '○○댁' 등과 같이 여성의 성이나 이름을 직접 부르지 않고 여성의 남편이 가지고 있는 성이나 지명 등을 가지고 부르는 것은 여전히 고대의 남존여비의 사상이 잔존하고 있다는 것을 알 수 있다.

현대중국어에서도 여성에 대한 불평등한 사회관습은 여전히 언어 속에 남아 있는데, 가장 대표적인 것이 직급에 대한 남성 중심의 기준이 존재한다는 것이다. 예를 들면, 중국의 대표적인 기업의 직급인 厂长(공장장), 经理(사장) 등이나, 정부기관의 书记(서기), 省长(성장), 部长(부장), 그리고 학교의 校长(교장, 총장), 군대의 将军(장군) 등의 명칭들은 모두 남성을 기준으로 부여되어 있다. 이러한 불평등은 만약 여성이 그 직위에 오르면 그 직함의 앞에 '女'자가 붙는 '女厂长(여장장)'이나 '女书记(여서기)', '女校长(여교장)' 등으로 불리게 된다는 점에서 그 기준이 여전히 남성에 있음을 증명할 수 있다.

하지만 최근에는 여권의 성장과 함께 과거의 남성중심의 사회문화가 전변(转变)하고 있음을 볼 수 있는데, 심지어는 원시의 모계중심사회에서 볼 수 있었던 여성 중심의 문화로 전향(转向)하는 모습을 볼 수 있다. 예를 들면, 최근에 유행하는 어휘 중에서 아내를 두려워하는 엄처시하(严妻侍下)의 남성들에게 주어지는 '妻管严(처관염)'이나 '惧内症(구내증)' 등과 같은 어휘나 성어는 여성의 사회 경제적 지위가 높아지고 있음을 알 수 있으며, 또 한편으로는 기존에 가지고 있던 남성중심의 사회현상과 남성중심주의의 해체에 대한 해학적 풍자(讽刺)와 조소(嘲笑)가 혼재되어 있음을 알 수 있다.

먼저 아내의 관리를 받는다는 '妻管严'은 본래 기관지염의 '气管炎'과 해음관계를 이룬 것으로 '相声(상성)'[123]에서 왔다. 물론 중국인들은 남편이 아내를 매우 사랑한다는 전제를 강조하고 있기 때문에, 한국어에서 보이는 '애처가(爱妻家)와 대응할 수 있다. 하지만, 최근의 젊은 부부 사이에서는 아내의 말이라면 언제든지 무조건적으로 따른다는 이러한 애처가의 남편들이 많아졌는데, 중국 사회에서는 여전히 과거와는 다른 약한 남자를 대변하는 최근의 풍조를 못마땅하게 생각하는 사람들이 많다는 것을 의미한다.

두 번째의 아내를 두려워한다는 의미를 지닌 '惧内症'(구내증) 또한 유사한 의미를 가지는데, 여성의 위력에 굴복하여 자기 의견을 내지 못하는 병약한 남성을 '先天性惧内症(선천성 아내 공포증)'이라고 한다. '惧内(구내)'에서 '内(내)'는 옛날 아내를 '内人' 혹은 '内子' 등으로 칭한 것에서 왔으며, 글자 그대로는 남편이 아내를 두려워하는 것으로 해석된다. 하지만, 중국인들은 '惧内(구내)' 중의 '惧(구)'는 진짜로 두려워하는 것이 아니라, 늘 사랑하고 포용하고 참아 냄으로써 아내의 마음을 상하지 않도록 하고자 하는 남편의 마음을 강조하고 있다.

123 한국의 고전의 만담과 최근 개그를 떠올리면 이해될 것이다.

나오며

언어는 문화의 일부이자 문화를 표현하는 도구로써, 우리는 언어를 통해 그 민족의 사유방식과 생활모습, 그리고 그 민족이 구성한 국가 제도의 특징을 파악할 수 있다. 일반적으로 분류되는 문화의 삼분법(물질, 제도, 정신)은 명확한 경계를 가지고 분류되는 것이 아니라, 서로 얽히고 혼재되어 존재한다. 본문에서는 한자와 중국어 어휘에서 나타나는 중국문화의 특징을 언어학적 측면에서 언어의 구성요소의 특징과 정신적 측면에서의 인간심리, 그리고 제도적 측면에서 계급관계라는 세 가지 각도에서 고찰해 보았다.

본문의 구성은 언어와 문화의 관계를 제1부에서 제3부까지 세 개의 큰 범주로 설정하고, 각 부에서는 다시 4개의 주제별로 다시 하위범주를 나누어 언어와 문화의 상관관계를 서술하였다. 먼저 제1부에서는 인사말이 가지고 있는 언어문화학적 분석을 진행하였고, 다시 언어의 구성요소를 중심으로 문화를 설명하고자 하였다. 또 제2부에서는 언어미신과 동물토템, 그리고 종교어휘 등을 통해 언어의 정신문화적 측면을 다루고자 하였으며, 제3부에서는 제도문화와 연관된 사회현상이나 풍속, 문예 등을 주제로 삼아 언어와 문화의 관계를 서술하였다.

첫 번째 범주에서는 언어의 구성요소를 중심으로 그곳에 담겨

있는 문화현상을 설명하고자 하였으며, 인간관계의 첫 번째 행사라고 할 수 있는 인사말에 대한 언어학적 특징과 문화적 관계를 이야기 하고자 하였다. 사실 외국어 학습에서 발음 다음으로 가정 먼저 본문을 장식하는 것이 인사말이지만, 정작 인사말에 대해 언어적 분석이나 내용적 측면을 살펴보지 않는다. 하지만 호격(呼格)과 같은 간단한 인사말에도 그 언어를 사용하는 모국어화자들의 생활상을 엿볼 수 있으며, 시대적으로도 인사말이 바뀌고 있음을 알 수 있었다. 다음으로 언어학의 구성요소와 문화의 연관성을 살펴보면, 중국어의 구성요소 중에서 시각기호인 문자는 갑골문의 발견과 더불어 중국역사를 고찰할 수 있는 바로미터의 역할을 하고 있었다. 언어의 청각영상인 어음은 동일 혹은 유사발음을 이용한 해음관계는 중국인의 언어유희에 담겨있는 해학과 풍자정신을 엿볼 수 있었다. 또 어법에 담겨있는 어순구조와 논리규칙은 자연시간에 대한 순응과 사리를 지키고자 하는 중국인의 언어사유를 엿볼 수 있었다.

두 번째 범주에서는 어휘 속에 담겨있는 정신문화에 대한 4가지 주제를 통해, 중국인의 언어사유와 한자에 대한 자긍심을 살펴보았다. 첫째는 문자미신과 언어금기를 통해 드러나는 어휘를 살펴보았다. 금기어는 대체로 봉건적 사회구조 속에서 나타나는 피휘현상과 인간의 자연재해와 맹수, 그리고 죽음에 대한 두려움을 표현하는 금기어가 중심을 이루었고, 또 인간생활에서 나타나는 성별, 생리적 현상 등에 대한 자연스런 부끄럼에서 나타나는 예절과 연관된 완곡어 등으로 구분해 볼 수 있었다. 특히 언어 금기에서 나타나는 언어의 힘은 인간이 언어를 만들었지만, 오히려 인간이 언어에 지배당하고 있는 현상들을 살펴볼 수 있었다. 둘째는 중국어의 숫자에 반영된 중국인의 철학사상이 어떻게 사회 속에서 규범화 되고, 이러한 규범이 다시 인간을 지배하는 환원적 사유관계를 통해 현대 사회에서 나타나는 범죄와 법규의 제정에 대한 심각성을 살펴볼 수 있었다. 셋째는 동물어휘에 담겨있는 토테미즘이 가져오는 인간이 심리현상을 살펴보았다. 동물에 대한 토템은 원시적인 생활에서 인간보다 강한 혹은 인간에게 심각한 피해를 주는 동물에 대한 두려움에서 비롯되었으며, 이러한 두려움을 이겨내고자 가상의 동물인 용과 봉황을 만들어 토템화하기도 하였다. 하지만 현대에 오면서 인간은 동물을 지배할 수 있었기에, 점차 두려움보다는 인간보다 못한 동물들의 습관이나 행동을 인간의 잘못된 습성을 비유하는데 사용하고 있다. 네 번째는 중국의 대표적 종교인 도교와 불교의 용어들이 일상생활에 어떻게 반영되어 있는지를 서술하였다. 중국이나 한국에서 현재 사용하고 있는 많은 일상 어휘나 학술용어에서도 불교나 도교에서 나온 것들이 많은데, 이러한 종교적 사유가 우리의 생활문화에 많은 영향을 주고 있는가를 짐작케 한다. 이상의 의미범주와 정신문화의 대비는 언어와 문화의 관계에서 대부분을 차지하는 숫자, 동물, 색상, 종교 등과 관련된 어휘에서 비유되는 다양한 상징성과 인간 생활의 관계를 엿볼 수 있었다.

세 번째 범주에서는 인간의 자연에 대한 표현과 일상생활, 그리고 제도 속의 계급관계를 서술하였다. 우리는 현대사회를 국민이 주인이 되는 민주에 기반을 둔 평등사회라고 주장하고 있지만, 정작 여전히 또 다른 분화된 계급이 존재하고 있음을 많은 어휘를 통해 파악할 수 있었다. 첫 번째로 언급했던 색상은 단순히 인간이 시각적으로 보여지는 자연의 형상을 다양한 색깔로 분류해 놓은 것에 그치는 것이 아니라, 인간 상호간의 관계 속에서 드러나는 성격이나 행동방식에 대해서 긍정과 부정의 심리행위를 색상에 대비하여 나타내고 있음을 볼 수 있었다. 특히 색상이 가지는 긍정 혹은 부정 이미지는 현대 국가를 대표하는 국기나 정당정치의 다양한 이념 또한 색깔로 정의되고 있는 것이 현실이다. 두 번째로 언급했던 중화요리는 음식의 이름에서 요리를 만드는 과정이나 조리방식, 그리고 재료들에 대한 다양한 정보를 알 수 있으며, 취식행위를 통해 나타내는 중국인들의 음식문화가 어떻게 한자나 어휘에 반영되고 있는지를 알 수 있었다. 또한 취사행위에서 나타나는 불과 음식재료가 만나 요리가 되는 과정을 인간의 어려운 삶의 과정에 비유하여 보여주고 있음을 알 수 있었다. 세 번째 언급했던 중국의 주요 민간 풍속인 대련(对联)과 문학 속의 언어유의 회문시(回文诗)는 대조, 대구 등 문학적 수사기교을 통한 짝수의 어울림에서 나타나는 조화를 숭상하는 중국인의 민족의 특성을 잘 보여주고 있으며, 그리고 이러한 민족의 특성은 숫자의 언어유희를 통해 중국인의 해학적(谐谑的) 기질을 잘 보여주고 있다. 넷째는 왕권의 지배 하에서 만들어진 관료제도가 관료계급을 형성하게 되고, 또 관원들의 아내들에게 또 다른 계급문화를 만들고 있음을 부인의 호칭을 통해 살펴보았다.

현대에는 비록 다양한 국가와 제도가 존재하고 있지만, 과거의 왕권제도와는 다르게 계급의 평등화와 제도의 민주화가 이루어졌다고 할 수 있다. 하지만, 여전히 남성중심주의의 사회제도와 직업의 계급문화는 현재형으로 남아 있으며, 남녀가 평등한 권리를 누리는 사회를 구성하기 위해서는 먼저 남성들의 인식의 전환이 이루어져야 한다. 따라서 여성들이 여권(女权)신장을 통해 보다 나은 권리를 누리기 위해서는 상호간의 투쟁보다는 사회제도의 개선과 언어가 가지고 있는 이러한 불평등의 문화를 타파해야 할 것이다.

참고문헌

김정필 <한중유의한자어의 어순구조와 동의성 비교분석>, ≪동북아 문화연구≫제45집(2015)

박영종·엄귀덕 번역 ≪중국문화에 담긴 중국어 이야기≫, 다락원, 서울, 2002

이용해 저 ≪문화심리와 언어의식≫, 도서출판 역락, 서울, 2006

전경갑·오창호 지음, ≪문화적 인간 인간적 문화≫, 푸른사상, 서울, 2003

장이칭·푸리·천페이 지음, 나진희 옮김 ≪한자가족≫, 여문책, 서울, 2016

하랄트 하르만 지음, 전대호 옮김 ≪숫자의 문화사≫, 알마, 파주, 2013

郭锦桴 著 ≪汉语与中国传统文化≫, 中国人民大学出版社, 1993

魯寶元 著 ≪汉语与中国传统文化≫, 华语教学出版社, 1998

卢英顺 지음, 박홍수 옮김 ≪현대한어어휘학≫, 한국외국어대학교 출판부, 서울, 2013

常敬宇 著 ≪汉语词汇与文化≫, 北京大学出版社, 北京, 1998

杨德峰 著 ≪汉语与文化交际≫, 商务印书馆, 北京, 2012

杨 琳 著 ≪汉语词汇与华夏文化≫, 语文出版社, 北京, 1996

李梵 편저 ≪文字的故事≫, 好讀出版社, 台中, 2003

许进雄 著 영남대 중국문연구실 옮김 ≪中国古代社会≫, 지식산업사, 서울, 1993

汪榕培、李冬编著, ≪实用英语词汇学≫, 辽宁人民出版社, 1983년판. 참조.

陈治安, <英语复合词比较>, ≪西南师范大学学报≫, 1990년 제4기.

程湘清, ≪先秦双音词研究≫, 商务印书馆, 2003년

刘麟生, ≪中国拼文史≫(上海书店, 1984년)

苏新春, <汉语双音词化的根据和内因>, ≪广州师范学院学报≫(1990년 제4기)

百度(바이두) https://baike.baidu.com/item

네이버사전 지식백과 https://dict.naver.com/

汉典(한전) https://www.zdic.net/

김정필

경상대학교 중어중문학과 교수. 부산대 중문과를 졸업하고, 국립대만정치대 석사를 거쳐 경북대에서 박사학위를 받았다. 중국어 어법이론을 전공하였으며, 현재는 유의어의 의미차이와 어휘의 문화적 표현양상에 관한 연구를 주로 하고 있다. 주요 논저로는 ≪뉴 스타트 캠퍼스 중국어1, 2≫(공저), <문두성분의 주관성 분석과 화제화-화제연구의 새로운 방법론 탐색>, <중국어 심리동사의 양면성>, <주관성 표현의 형식에 관한 연구>, <중국어 능원동사의 인지과정분석>, <수(数)범주 유의어의 이항대립과 형태소 분석>, <유의한자어의 어순구조와 동의성 비교분석>, <중국어 개사의 도식화 분석> 등이 있다.

중국의 언어와 문화

초판 1쇄 발행 _ 2019년 8월 30일
2쇄 발행 _ 2022년 2월 28일

저　　자 • 김 정 필
발 행 인 • 정 현 걸
발　　행 • 신 아 사
인　　쇄 • 대명프린팅
출판등록 • 1956년 1월 5일 (제9-52호)
주　　소 • 서울시 은평구 통일로 59길 4(2F)
전　　화 • 02)382-6411 · 팩스 02)382-6401
홈페이지 • www.shinasa.co.kr
E-MAIL • shinasa@daum.net

ISBN 978-89-8396-360-4 (93720)
저자와의 협의로 인지를 생략합니다.

정가 14,000원